Regina Rugor/Gundula von Studzinski

Qualitätsmanagement nach der ISO Norm

Eine Praxisanleitung für MitarbeiterInnen in sozialen Einrichtungen

Beltz Verlag · Weinheim, Basel, Berlin

Ihre Wünsche, Kritiken und Fragen richten Sie bitte an:
Beltz Verlag, Fachverlag Soziale Arbeit, Erziehung und Pflege,
Werderstraße 10, 69469 Weinheim

ISBN 3-407-55880-5

1. Auflage 2003

03 04 05 06 07 5 4 3 2 1

Planung und Lektorat: Richard Grübling
Satz: DeskomWA, Kiliansroda
Druck: Gutenberg Druckerei, Weimar
Umschlaggestaltung: glas ag, Seeheim-Jugenheim
Titelfotografie: zefa, Düsseldorf
Printed in Germany

Weitere Informationen finden Sie im Internet unter http://www.beltz.de

Inhalt

1 Einführung

»Von der Fürsorge zum Rechtsanspruch« und damit »vom Leistungsempfänger zum Leistungsberechtigten« – so lautet der Paradigmenwechsel in der Sozialarbeit in den letzten Jahren. Die gesetzlichen Veränderungen, die von den Trägern sozialer Arbeit Leistungsbeschreibungen einfordern und Qualitätssicherungsmaßnahmen erwarten, haben die Diskussion, was es denn mit der Forderung nach ›Qualität‹ auf sich habe, vertieft.

– *»Haben wir bisher keine Qualität geleistet?«* ist zu hören oder auch *»Müssen wir uns in Zukunft mit genormter Sozialarbeit auseinandersetzen?«* Wie dem auch sei: die Frage nach einem Qualitätsmanagement auch in sozialen Dienstleistungsunternehmen gewinnt immer mehr an Bedeutung.

– ›Qualitätsmanagement‹ – oder auch abgekürzt QM – befasst sich damit, auf der Basis einer eindeutigen Zielformulierung ein gemeinsames Verständnis in Bezug auf die Aufgabenstellung und deren Umsetzung zu entwickeln, damit Begrifflichkeiten wie *›Verantwortung‹, ›Offenheit‹, ›Beteiligung‹* oder auch *›Selbstbestimmung‹* – Grundbegriffe im Beziehungsalltag der sozialen Arbeit – eine gemeinsame – auf die spezifischen Gegebenheiten der jeweiligen Einrichtung zugeschnittene Definition – erfahren und nicht einer beliebigen Interpretation unterliegen.

Für Mitarbeiter/innen sozialer Einrichtungen ergeben sich daraus häufig entscheidende Veränderungen, denn ihnen kommt in diesem Prozess eine tragende Rolle zu.

– ›Qualität‹ entwickelt sich nicht nur im Arbeitsumfeld und in Arbeitsbedingungen, sondern in ihrem alltäglichen Handeln, in ihrer Haltung und Einstellung zu ihrer Arbeit – und damit zu ihrem Klientel. ›Rückzug‹ und ›innerliche Kündigung‹ werden erschwert, ›Eigenverantwortung‹ und ›Motivation‹ sind gefragt.

Das führt zu einer ambivalenten Einstellung dem Thema ›QM‹ gegenüber; Unruhe und Unsicherheit auf der einen Seite, vage Hoffnungen auf positive Veränderungen auf der anderen Seite. Die Befürchtungen und Erwartungen, die Mitarbeiter/innen äußern, wenn sie zum Thema ›Qualitätsmanagement‹ befragt werden, geben hier einen Einblick.

Als Befürchtungen werden geäußert:
- dass noch mehr Schreibarbeiten den Arbeitsalltag belasten
- dass die Zeit für die Arbeit mit und am Klientel weiter verknappt wird
- und dass das Qualitätsmanagement nur eine neuartige Version von Mittelkürzung und Stellenabbau darstellt.

Wo offenbar primär der Aspekt der Sparsamkeit und Wirtschaftlichkeit die Beschreibung der Leistung – und damit auch die Bestimmung ihrer Qualität – leitet, sehen sich viele Mitarbeiter/innen mit ihrer bisher geleisteten Arbeit in Frage gestellt. Sie befürchten den Verlust von Flexibilität und Spontaneität und verstehen die derzeit unternommenen Anstrengungen auf Trägerseite, QM-Systeme zu implementieren, auch als Versuche, Kontrollmöglichkeiten zu verstärken und damit persönliche Arbeitseffizienz zu bewerten.

Demgegenüber stehen die Stimmen unter den Mitarbeiter/innen, die positive Veränderungen vom Prozess der Qualitätsentwicklung und -sicherung in den sozialen Einrichtungen erwarten:
- Sie erhoffen sich eine klarere Strukturierung der Arbeit und eine eindeutige Abgrenzung der Verantwortlichkeiten. Das gäbe ihnen eine Orientierungshilfe und würde einen verstärkten Bezug auf die eigentlichen Arbeitsinhalte zulassen.
- Die gemeinsame Reflexion der Aufgabenstellung und ihrer Umsetzung in den Handlungsalltag schärft aus ihrer Sicht den Blick für den ›Kunden‹ und seine Erwartungen.

Kurz: sie erwarten ein Mehr an Professionalität und damit verbunden eine größere Zufriedenheit – auf beiden Seiten.
Wir möchten mit unseren Ausführungen diese Sichtweise unterstützen und Mitarbeiter/innen motivieren, sich selbst beim Aufbau eines QM-Systems engagiert einzubringen.

Die gesetzlichen Auflagen zum Prozess der Qualitätsentwicklung und -sicherung, die beispielsweise im § 93 BSHG (Behindertenhilfe), § 78 a-g SGB VIII (KJHG /Jugendhilfe) und auch im SGB V 135a (Krankenversicherungen) und SGB XI § 80 (Pflege) niedergelegt und durch länderspezifische Rahmenverträge konkretisiert sind, können von den sozialen Einrichtungen auch als Chance verstanden werden, eigenverantwortlich Inhalte, Umfang und Qualität ihrer geleisteten Arbeit zu definieren und den Dialog mit den Kostenträgern unter der Prämisse Aktion statt Reaktion zu führen.

In der Aufforderung, die Qualität der eigenen Arbeit zu bestimmen, zu beschreiben und zu bewerten, sehen wir im sozialen Bereich vor allem die Aufgabe, sich selbstkritisch mit der inhaltlichen Arbeit auseinander zu setzen. QM wird in diesem einrichtungsbezogenem Prozess zu einem Werkzeug, das die Rückbesinnung auf Profession stützt und dem Unterstreichen von Professionalität hilfreich ist.

Hierin eröffnen sich unserer Meinung nach auch die Möglichkeiten, die mit einer Befürwortung eines QM's in sozialen Einrichtungen verbunden sind. Sie offenbaren sich für uns in Thesen wie »Qualitätsmanagement sucht nicht nach Schuldigen, sondern nach Lösungen« oder »Vielfalt statt Beliebigkeit« und nicht zuletzt »Der Kunde macht uns keine Arbeit, er ist unsere Arbeit«.

Beschreitet man diesen Prozess der Qualitätsentwicklung und -sicherung werden diese Möglichkeiten schnell zur Verpflichtung, die der kritischen Nachfrage sowohl von innen als auch von außen Stand halten müssen.

1.1 Was wir Ihnen bieten

Abhandlungen über das Qualitätsmanagement gibt es viele. Wir liefern keinen Beitrag zur Diskussion ›ob‹ Qualitätsmanagement und mit welcher Berechtigung?! – Wir wollen das Verständnis für Qualitätsmanagement vertiefen und eine praktische Handlungsanleitung geben. Unsere Zielvorstellung ist, dass Sie künftig ganz konkret und praktisch bei der Implementierung eines QM-Systems mitwirken können.

Kapitel 2 startet mit grundlegenden Informationen zum Thema ›Qualitätsmanagement‹ – die Sie z.B. für Informationsveranstaltungen in Ihren Einrichtungen nutzen können. Dabei geht es um das Verständnis von Qualität, und allgemein gültige Randbedingungen für Qualität. Wir betrachten zudem die ›Qualitätsdimensionen‹, in die – gerade auch auf Kostenträgerseite – unterschieden wird. Darauf aufbauend beleuchten wir den gedanklichen Ansatz im Qualitätsmanagement und stellen die daraus abgeleiteten Aufgaben im Rahmen eines QM's vor.

Kapitel 3 beschreibt erste praktische Schritte zum Aufbau eines Qualitätsmanagementsystems und stellt ausgewählte Instrumente für die Qualitätszirkelarbeit vor.

Kapitel 4 unterstreicht die Bedeutung der ›Zielorientierung‹ im Qualitätsmanagement und wir stellen vor, wie diese Zielorientierung in sozialen Einrichtungen zum Ausdruck kommt.

Kapitel 5 thematisiert die ›Kundenorientierung‹ – zusammen mit der Zielorientierung das ›Herzstück‹ in der QM-Philosophie. Auch hier geht es nicht mehr darum, ›ob‹ der Kundenbegriff für den sozialen Bereich relevant ist, sondern welche Konsequenzen daraus im Rahmen der Qualitätsentwickung erwachsen.

Kapitel 6 befasst sich dann mit dem Aspekt der ›Aufbauorganisation‹ als einem Teilbereich des QM's. Wir wollen den Blick für Organisationsstrukturen schärfen und diese darüber hinaus systematisch miteinander verknüpfen, um so ein stabiles Gerüst für den Prozess der Qualitätsentwicklung zu schaffen.

Kapitel 7 betrachtet Fragen der ›Ablauforganisation‹ als zweiten Schwerpunkt bei der Umsetzung der QM-Aufgaben. Prozessregelung und Prozesslenkung sind hier die entscheidenden Stichworte.

Da Prozessqualität unseres Erachtens die entscheidende Qualitätsdimension darstellt, geht es in erster Linie darum, das Verständnis für die Bedeutung eines ›betrieblichen Maßstabs‹ zu entwickeln. Wir wollen Methoden aufzeigen, mit denen Sie diesen ›betrieblichen Maßstab‹ transparent machen und ihre gemeinsam verabredeten Handlungsmaximen darlegen können.

Fehlervermeidung, Korrektur und Verbesserung als Qualitätsmanagementstrategie wird als spezielle Aufgabenstellung der Prozesslenkung ebenfalls thematisiert. Es geht um die Frage nach möglichen Prüfpunkten bzw. Haltepunkten im Prozess und wir wollen verdeutlichen, dass die Frage nach Fehlern – wenn auch in einem übertragenen Sinn – in sozialen Einrichtungen durchaus ihre Berechtigung hat.

Kapitel 8 stellt Ihnen die DIN ISO 9001:2000 in einer Übertragung auf den sozialen Bereich vor. Wir sehen in der ISO-Norm ein in sich stimmiges Modell für den Aufbau einrichtungsspezifischer QM-Systeme – nicht zuletzt darum, weil sie in ihren Forderungen weitgehend Parallelen zu den Forderungen von den Kostenträgern hinsichtlich der Qualitätsentwicklung und -sicherung aufweist.

Kapitel 9 gibt letztendlich ganz praktische Hinweise zur Erarbeitung eines QM-Handbuchs auf der Grundlage der DIN ISO 9001:2000. Wir entwerfen ein ›Musterhandbuch‹ für soziale Unternehmen, indem wir die Forderungen der ISO-Norm noch einmal aufgreifen und Ihnen über Fragestellungen und ausgewählte Beispiele darstellen, wie ein QM-Handbuch – orientiert an der ISO-Norm – aufgebaut und inhaltlich ›gefüllt‹ sein kann.

Wir hoffen, wir haben Sie neugierig gemacht – aus unserer Erfahrung heraus können wir an dieser Stelle soviel sagen: Es wartet ein spannendes Thema auf Sie.

2 Grundlagen des Qualitätsmanagements

›Qualitätsmanagement‹ – ein Wort das Mitarbeitern/innen in sozialen Einrichtungen nicht unbedingt leicht über die Lippen geht. Es erscheint Ihnen zu konstruiert – nicht passend für das Aufgabenfeld ›Sozialarbeit‹. »Was will man uns hier aus dem Bereich der Wirtschaft und Industrie überstülpen?« – diese Frage charakterisiert eine ablehnende Haltung – schon allein dem Begriff ›Qualitätsmanagement‹ gegenüber.

Aber schauen wir einmal genau hin: Was steckt in diesem Begriff und was verstehen wir darunter?

›Management‹ oder auch die Anforderung ›managen‹ verbinden wir mit ›führen‹ und/oder ›leiten‹. In den Organisationsstrukturen von Unternehmen ist die Unterscheidung in unterschiedliche Managementebenen geläufig. Entsprechend fällt es leicht, dort auch ›Führungsaufgaben‹ wie z.B. *Aufgaben verteilen, Abläufe organisieren, Entscheidungen treffen, Ergebnisse vertreten etc.* anzusiedeln. Wenn unter diesen Gesichtspunkten der Arbeitsalltag in sozialen Einrichtungen betrachtet wird, können Sie erkennen, dass entsprechende Aufgaben dort in gleicher Weise anfallen:

- ›Führen‹ verstehen als Aufgabe, gegebene Ressourcen und Kräfte auf klar umschriebene Ziele hin zu bündeln, zu organisieren und sie dadurch wirkungsvoll einzusetzen.
- ›Führen‹ derart begreifen, dass die beteiligten Menschen für eine Aufgabe gewonnen werden, damit sie ihre persönlichen Fähigkeiten in den Dienst der gemeinsamen Sache stellen.

Das geht konform mit unserem Verständnis von ›Qualitätsmanagement‹. Es stellt kein eigenständiges Aufgabenfeld in Unternehmen dar, sondern ist in den Prozess der Organisationsentwicklung eingebunden; d.h. wir verstehen ›Qualitätsmanagement‹ konsequent als »integriertes Qualitätsmanagement« (Seghezzi 1996).

Seghezzi sieht QM als eine Querschnittsdisziplin, die sich mit dem Faktor ›Qualität‹ befasst, einem Faktor, der überall bei der Herstellung von Produkten und Dienstleistungen – angefangen von der Planung, über Ausgestaltung und Durchführung bis zur Bewertung von Prozessen und Abläufen – eine Rolle spielt.

Dabei wirken Unternehmensstrukturen stützend und die Unternehmenskultur fördernd, d.h. der Prozess der Qualitätsentwicklung und -sicherung beinhaltet immer den kritischen Blick auf die strukturellen Gegebenheiten und die im Unternehmen herrschenden Verhaltensmuster. Verändern sich Anforderungen und Aufgaben, müssen auch Strukturen und Kultur überprüft und gegebenenfalls angepasst werden.

2.1 Qualität – was verstehen wir darunter?

Wir wollen uns über einen kurzen Exkurs dem Begriff ›Qualität‹ nähern.
›**Qualität**‹ – ›**qualitas**‹ steckt im Wortursprung, das bedeutet: ›**wie beschaffen**‹.

Welche Qualität erwarten Sie von einem Spielwürfel? Mußten Sie lange überlegen? Wahrscheinlich nicht, denn Sie haben bestimmt klare Vorstellungen darüber, wie solch ein Spielwürfel beschaffen sein sollte. Anforderungen an die ›Form‹, ›Funktionalität‹, ›Handlichkeit‹ werden vermutlich Ihre Antworten bestimmen.

Aber gehen wir noch einen Schritt weiter: Wie sieht so ein Spielwürfel vor Ihrem geistigen Auge aus? Wir vermuten einmal so:

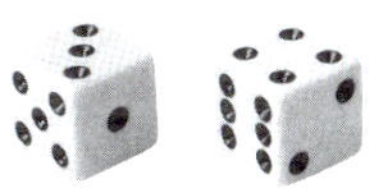

oder nicht?
In einem gut sortierten Spielwarengeschäft können Sie heute eine Vielzahl von Spielwürfeln finden, die auf den ersten Blick nicht unbedingt diesem Bild entsprechen. Da gibt es neben den üblichen Quadern eine Reihe von anderen Formen: Kugeln, Pyramiden, und diverse Vielecke; neben dem bekannten Aufdruck von ›1 bis 6 Augen‹ auch Würfel mit unterschiedlichsten Zahlenwerten, Symbolen oder farbigen Flächen. Alles sind Spielwürfel – alle erfüllen sie in ihrer Form und/oder Aufmachung ihren Zweck.

Fazit: Die äußere Form allein ist noch nicht ausschlaggebend für die Qualität des Spielwürfels. Da fehlt also noch etwas – nämlich die Antwort auf die Frage: Wozu kann ich den Würfel benutzen? Denn: nicht jeden Würfel kann ich in jedem Spiel einsetzen.

Mit herkömmlichen Augenwürfeln kann ich z.B. pokern, ›Mensch ärgere Dich nicht‹ und ›Monopoly‹ spielen. Neuere Spiele benötigen oft zusätzlich zum Augenwürfel weitere Würfel mit Symbolen für den Spielablauf, Kinderspiele sind häufig mit Würfeln mit verschiedenen farbigen Aufdrucken ausgestattet.

Letztendlich entscheidend für die Qualität des einzelnen Würfels ist demnach, ob er auch für das jeweilige Spiel geeignet ist.
Damit sind wir bei der Definition von ›Qualität‹:

Nach der DIN ISO 8402 – eine Norm, die Begriffe erläutern und klären soll – bedeutet Qualität die »Gesamtheit von Merkmalen (und Merkmalswerten) einer Einheit bezüglich ihrer Eignung, festgelegte und vorausgesetzte Erfordernisse zu erfüllen.«

Nun gut – bitte Luft holen! Alles verstanden?! Das ist eine Kostprobe für die Normen-Sprache und das ist zugegebener Maßen schon ein eigentümlicher Sprachgebrauch. Es geht aber durchaus auch verständlicher.

»Qualität ist die Erfüllung von Erfordernissen und Erwartungen. Das Ausmaß, in dem Erfordernisse und Erwartungen erfüllt werden, wird durch Bestimmungswörter wie z.B. ›gut‹, ›hoch‹ oder ›schlecht‹, ›gering‹ angegeben.« – So lautet die Definition nach der DIN EN ISO 9000:1999 – 05 – und dieses Verständnis soll uns begleiten.

Übrigens: Im Diakonischen Werk Berlin-Brandenburg hängt eine Interpretation von Qualität aus, die wir Ihnen nicht vorenthalten wollen:

> **»Qualität ist, was der Kunde dafür hält!«**
> Hierin manifestiert sich die Forderung nach der Kundenorientierung. Der Kunde formuliert bestimmte Erwartungen an das jeweilige Produkt oder die Dienstleistung, die er dann mit den erbrachten Leistungen vergleicht.

Zusammenfassung: Qualität ist also die Erfüllung von Erfordernissen. Wollen Sie eine Aussage über die Qualität einer Sache, eines Produkts oder auch einer Dienstleistung treffen, müssen Sie genau wissen, woran Sie die Qualität messen können oder wollen. Es sind also konkrete Vorgaben zu machen, anders gesagt: eine exakte Zielsetzung und Zielformulierung ist Voraussetzung. um Qualität beurteilen zu können

Zielsetzungen und Zielformulierungen abgeben heißt auch immer, mögliche Einflussfaktoren oder vorgegebene **Randbedingungen** zu berücksichtigen. Für die Bestimmung von ›Qualität‹ – ob in Wirtschaftsunternehmen oder sozialen Einrichtungen – lassen sich vier Bereiche festhalten:

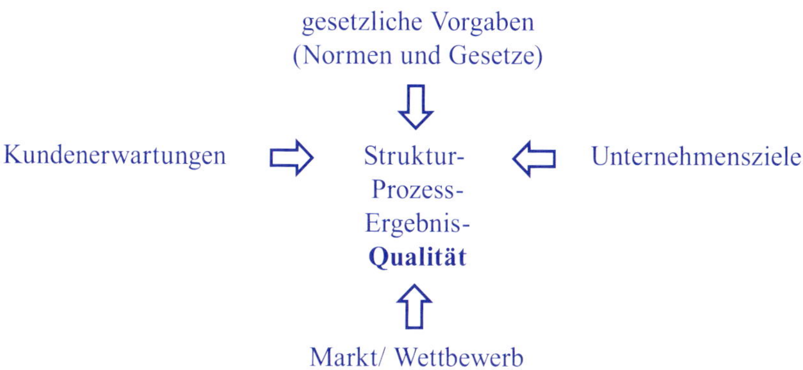

Betrachten wir einmal kurz die vier genannten Bereiche mit ihren Auswirkungen auf die Qualität eines Produktes oder – wie in Ihrem Fall – einer sozialen Dienstleistung:

Die Einflussgröße ›**gesetzliche Vorgaben**‹ spricht für sich. Im Feld der sozialen Arbeit gibt es Anforderungen an die Träger der Einrichtungen aus dem BSHG (BundesSozialHilfeGesetz), aus dem KJHG (Kinder- und JugendHilfeGesetz), aus dem Krankenversicherungsgesetz im SGB V (SozialGesetzBuch) und auch aus dem Pflegeversicherungsgesetz im SGB XI. Aber auch andere Vorschriften zur Betreibung einer Einrichtung oder auch zum Arbeitsschutz machen Ihnen bezüglich der Ausgestaltung der Arbeit Auflagen.

Unternehmensziele – dahinter stehen unternehmensspezifische Ansprüche und das Selbstverständnis einer Organisation. Sie finden ihren Ausdruck in der Unternehmensphilosophie und auch in Leitbildern sozialer Einrichtungen.

Hier werden Gründungsideen, Menschenbild und fachliche Leitziele postuliert, die sich in der Ausgestaltung der Arbeit widerspiegeln und damit die Qualität der Dienstleistung mitbestimmen.

Die **Kundenerwartungen** – als charakteristische Erwartungen bzw. Anforderungen der verschiedenen Kundengruppen – sind ein entscheidender Faktor im Rahmen der Zielformulierung und damit der Qualität der geleisteten Arbeit. Wichtig in Bezug auf die Zielsetzung und damit die Formulierung der Erfordernisse ist: Kenne ich die Kundenerwartungen, kann ich mein Produkt oder meine Dienstleistung im Abgleich mit den anderen Randbedingungen entsprechend ›maßschneidern‹ bzw. qualitativ ausgestalten.

Gehen die unternehmensspezifischen Zielsetzungen an den Kundenerwartungen vorbei, verringert sich die Kundenzufriedenheit und die Nachfrage sinkt. Kundenerwartungen in Erfahrung zu bringen, stellt damit eine der wichtigsten Aufgaben im Rahmen des Qualitätsmanagements dar.

Der **Markt bzw. die Wettbewerbssituation**: Nachfrage und Absatz sind hier vielleicht die bedeutsamsten Komponenten, denn sie sichern die Existenz des Unternehmens bzw. der sozialen Einrichtung. Davor müssen strategische Überlegungen angestellt werden, wie zum Beispiel: In welchem strukturellen Umfeld wird die Leistung angeboten? Ist der Standort günstig? Welche Zeiten sind angebracht? Wieviel Personal ist erforderlich? Welche Qualifizierung braucht das Personal? Fragestellungen, deren Antworten die Qualität der Dienstleistung mitbeeinflussten.

Qualität stellt folglich nichts Absolutes dar und kann demnach nicht losgelöst von Bezugsgrößen bestimmt werden, sondern definiert sich immer aus der Vielzahl der Anforderungen und der konkreten Umsetzung.

2.2 Qualitätsdimensionen

In dem Schaubild zu den Randbedingungen von Qualität wurden die Qualitätsdimensionen schon benannt. Sie beziehen sich auf:

- **Strukturqualität**
- **Prozessqualität**
  und
- **Ergebnisqualität**

Was steht dahinter? Was verbindet nicht zuletzt der Kostenträger damit?

Dimensionen der Qualität

Strukturqualität
einer Einrichtung bezieht sich auf die Voraussetzungen für ihre Dienstleistungen oder Produkte und umfaßt z.B. ihre bauliche, technische, personelle und finanzielle Ausstattung und den Organisationsaufbau.

Prozessqualität
bezieht sich auf das konkrete Handeln in der Einrichtung und macht Aussagen darüber, wie die Pflege- oder Betreuungsleistung erbracht werden muss (zum Beispiel die Planung, Durchführung und Dokumentation von Betreuungsmaßnahmen).

Ergebnisqualität
bezieht sich auf das Ergebnis einer Dienstleistung oder einer Produktion und gibt an, ob die angestrebten Ziele erreicht wurden (Soll-Ist-Abgleich).

Welche Anforderungen müssen nun erfüllt werden, wenn soziale Einrichtungen aufgefordert sind, Aussagen zu diesen drei Qualitätsdimensionen zu machen?

Strukturqualität erfasst quasi allgemeine Rahmenbedingungen und Voraussetzungen einer Einrichtung, unter denen sie ihre Leistung erbringt. Neben soziographischen Organisationsmerkmalen (Träger, Verband, Art der Institution etc.) zählen hierzu vor allem die materiellen und personellen Ressourcen, das sind letztendlich die verfügbaren Mittel.

! Wollen Sie also Aussagen zur Strukturqualität machen,
- benennen Sie den finanziellen Rahmen und die Finanzierungsgrundlage
- beschreiben Sie die baulichen und räumliche Gegebenheiten wie den Standort der Einrichtung und die vorhandene Infrastruktur
- geben Sie einen Hinweis auf die Größe der Einrichtung, dazu gehören die Anzahl und Ausstattung der Zimmer und der Gemeinschaftsräume
- zählen Sie wichtige Arbeitsmittel und Ausstattungsmerkmale auf, wie Therapieräume, Fahrzeuge und ähnliches und
- stellen das zur Verfügung stehende Personal, seine Qualifikation und nicht zuletzt die Motivation und Haltung der Beschäftigten vor.

Viele dieser Punkte sind auch Gliederungspunkte von Konzeptionen, die ja letztendlich die Voraussetzung für den Betrieb einer Einrichtung darstellen. In die Betrachtung von Strukturqualität wird demzufolge die Konzeption der Einrichtung miteinbezogen. Manchmal fällt in diesem Zusammenhang auch der Begriff ›Konzeptqualität‹. Mit Ihren Ausführungen zur Aufgabenstellung, Zielgruppe und zum methodischen Vorgehen werden die Voraussetzungen für die Leistungserbringung in der jeweiligen Einrichtung konkret beschrieben.

Prozessqualität bezieht sich auf die Qualität der Leistungserbringung und damit auf die Modalitäten der betreuenden, beratenden und/oder therapeutischen Intervention.

- ›Was machen wir?
- Wie handeln wir?
- Wie verhalten wir uns?‹

– diese Fragestellungen werden zum Dreh- und Angelpunkt.

Mit den Antworten darauf werden alle Aktivitäten (Interaktionen), die im Zuge der Leistungserbringung zwischen dem/r Leistungserbringer/in, den Kolleg/innen, weiteren Kooperationspartnern und dem Klientel ablaufen, erfasst.

Beschreiben Sie die Prozessqualität, genügt es folglich nicht allein mehr darzulegen, *dass* Sie zum Beispiel ein Betreuungsangebot für Kinder und Jugendliche vorhalten wie ›Rund-um-die-Uhr-Betreuung‹, Leben in Verselbständigungsgruppen oder Begleitung im Einzelbetreuten Wohnen und *dass* Sie die Betreuung nach einem bestimmten pädagogischen Konzept verwirklichen.

Die konkrete Leistungserbringung rückt in den Mittelpunkt: Welche Motive leiten Sie, welche Haltung und Einstellung bestimmt Ihr Handeln und Entscheiden?
Das bedeutet aber, dass Sympathie, Antipathie, Stimmungs- und Motivationsveränderungen aller am Handlungsprozess beteiligten Personen qualitätsrelevant werden. Folglich können Sie aus dieser Sichtweise die Qualität im Individualfall kaum vorab beurteilen.

Was Sie aber als Mitarbeiter/innen in den Einrichtungen leisten können und müssen, ist die Verabredung eines *betrieblichen Maßstabs*, das heißt: einen idealtypischen Ablauf der Leistungserbringung festschreiben.

Dazu betrachten Sie sogenannte ›Schlüsselprozesse‹ wie z.B. die Aufnahme, die Entlassung, die Förder- oder Hilfeplanung oder auch der Umgang mit Krisen und Beschwerden und reflektieren die entsprechenden Prozessabläufe.

Indem sie dann gemeinsam festlegen, welche Schritte beispielsweise ein Aufnahmeverfahren in Ihrer Einrichtung zu durchlaufen hat und welche fachlichen Aspekte Sie dabei leiten, wird dem Klientel ein bestimmtes Maß an Zuverlässigkeit und Kontinuität im Prozessablauf gewährleistet, unabhängig davon welche/r Mitarbeiter/in gerade im Dienst ist.

Praxistipp:
Achtung!!! Hier liegt ein erster Stolperstein auf dem Weg zum Aufbau eines Qualitätsmanagementsystems!

Thematisieren Sie derartige Gesichtspunkte in Mitarbeiterrunden, so herrscht unserer Erfahrung nach erst einmal Schweigen; Nachdenklichkeit, manchmal auch Unbehagen wird deutlich. ›Betrieblicher Maßstab‹, ›eine Leistung mitarbeiterunabhängig definieren‹ ... – und das in der sozialen Arbeit! Wohin bewegen wir uns da? Werden wir zu Marionetten? Wo bleibt unser Selbstverständnis als Sozialarbeiter/in? Wo die Individualität? – Ja, wo eigentlich? Und vor allem wessen Individualität? – so legen wir häufig den Finger noch in die Wunde.

Ohne den Leser/innen zu nahe treten zu wollen: Häufig steht eher die Individualität der Mitarbeiter/innen im Mittelpunkt als die Beachtung grundsätzlicher Bedürfnisse und Bedarfe beim Klientel. ›Dienstplanung‹ ist da ein ergiebiges Stichwort: wird sie an den Bedürfnissen der Mitarbeiter/innen ausgerichtet oder an den Bedürfnissen der Klient/innen?

Versteckt sich hier bei genauem Hinsehen tatsächlich eine Bedrohung für das Selbstverständnis von Sozialarbeit? Was bedeutet denn letztendlich ›Professionalität‹? Liegt im ›betrieblichen Maßstab‹ nicht auch eine Chance, eben diese Professionalität unter Beweis zustellen?

Es ist ›QM‹, hier den Klienten zu sehen und entsprechende Regelungen zu verabreden. Es ist ein Ausdruck von Prozessqualität, wenn bei den Mitarbeiter/innen das Verständnis und das Bewusstsein wächst, diese kundenorientierten Verabredungen konsequent in die Tat umsetzen.

Bleibt die letzte Qualitätsdimension – **Ergebnisqualität**. Darunter wird die Effektivität der Leistung – also der Erfolg der geleisteten Arbeit – verstanden.

! ›Was war unsere Zielsetzung und was haben wir erreicht?‹ ist die leitende Frage – konkret erstellen Sie einen sogenannten Soll-Ist-Vergleich.

Das ist im Bereich der Sozialarbeit eigentlich nichts neues. In Dienstübergaben, Teamsitzungen, Fallbesprechungen, Hilfekonferenzen und ähnlichem suchen Sie auf die oben gestellte Frage eine Antwort. Dennoch wird es Ihnen schwerfallen in einigen Bereichen eine eindeutige Aussage zu treffen.

Nicht immer können Sie eine bestimmte Veränderung im Verhalten oder Handeln des Klientels eindeutig Ihrem fachlichen Engagement zuschreiben. Die Entwicklung des Kindes oder der/des Jugendlichen oder auch eines behinderten Menschen wird zum Beispiel von vielen Faktoren bestimmt, die häufig nicht in Ihrem Einflussbereich stehen.

Das bedeutet aber letztendlich, dass – anders als im Produktionsbereich – der Schwerpunkt für die Überprüfung und Bewertung Ihrer Arbeit – und damit der erreichten Qualität – nicht in der bloßen Ergebnisbetrachtung liegen kann, sondern unbedingt auch in der Betrachtung des Prozesses und seiner Abläufe.

Ergebnisse und Ergebnisbewertung unterliegen im Bereich sozialer Arbeit immer einem subjektiven Empfinden. Objektive Kriterien für Ergebnisqualität lassen sich häufig – wenn überhaupt – nur mittelbar formulieren, z.B. Akzeptanz des Angebots; Auslastung etc.

Um so bedeutsamer wird die Frage nach den für alle Mitarbeiter/innen verbindlichen Vorgaben für die Arbeit. In dem Maß wie ein soziales Unternehmen in der Lage ist, überprüfbare Aussagen über Zielsetzung und Abläufe der ihm angetragenen Aufgaben zu machen, in dem Maß läßt sich die Qualität der Arbeit bestimmen und der Anspruch darauf einlösen.

Zur Bewertung von ›Qualität‹ gehört demzufolge – neben den Parametern der Strukturqualität:

- Der Blick auf die Prozessqualität, der mit der Antwort auf die Frage verknüpft ist: **›Ist es uns durch unser Handeln gelungen, die gesteckten Vorgaben zu erreichen?‹**
- Der Blick auf die Ergebnisqualität, der auch die Antwort auf die Frage nach der Effizienz im Sinne eines Kosten-Nutzen-Analyse einfordert.

Die Ergebnisqualität sichert letztendlich das Einkommen einer sozialen Einrichtung. Der Kostenträger ist daran interessiert, die Ausgaben nachzuvollziehen; ein Ansinnen, das unserer Meinung nach vom Grundsatz verständlich ist. Gehen wir davon aus, dass ein Großteil des Budgets für viele Bereiche der sozialen Arbeit aus den öffentlichen Kassen – sprich: Steuergeldern – finanziert wird, müsste es im Interesse aller sein, dass hier Transparenz Einzug hält.

Wir wollen an dieser Stelle hervorheben, dass ›Kosten‹ und ›Nutzen‹ im ursprünglichen Verständnis von QM einer sehr eingegrenzten Definition unterliegen:

Es geht um Fehlervermeidung und Verbesserung! Folglich werden unter ›Kosten‹ die ›Qualitätskosten‹ eingeordnet und damit sind die Fehlerkosten, Fehlervermeidungskosten und Fehlerbeseitigungskosten gemeint – mehr nicht.

›Nutzen‹ bestimmt sich darüber, welche Auswirkungen die strukturellen Regelungen und prozesslenkenden Maßnahmen haben. Dienen sie dazu die Qualität – entsprechend des Bedarfs und der daraus erwachsenden Anforderungen – zu sichern? – was eben auch wiederum bedeutet, Fehler nicht nur zu vermeiden, sondern möglichst schon von vornherein auszuschließen.

2.3 Säulen des Qualitätsmanagements

›QM‹ oder auch der Anspruch, Qualität in der Arbeit zu erreichen und abzusichern, gründet auf zwei Säulen.

- Die eine ist eine unbedingte **Zielorientierung**, das heißt alles, was im Rahmen eines QM's geleistet wird, orientiert sich an der Frage: **Was ist mein Ziel und wie will ich es erreichen?**

Diese Zielbestimmung ist die vordringlichste Aufgabe und findet ihren Ausdruck unter anderem im Selbstverständnis des Unternehmens. Nachlesen können Sie das Selbstverständnis ihrer Einrichtung im Leitbild und darauf aufbauend in der Konzeption.

Im Sinn des Qualitätsverständnisses geht es nun darum, dass sich die Leitziele der Einrichtung auch im Handlungsalltag widerspiegeln. Im Kapitel »Zielformulierungen« als wesentlicher Baustein für ein QM in der sozialen Arbeit werden wir diesen Aspekt näher betrachten.

- **Kundenorientierung** ist die zweite Säule im Qualitätsmanagement. Mit dem ›QM‹ verbindet sich quasi eine Verpflichtung, alle Aktivitäten des Unternehmens auf die Bedürfnisse der Kunden auszurichten unter dem Motto: *»Der Kunde macht uns keine Arbeit, er ist unsere Arbeit.«*

In diesem Spruch liegt ein wichtiger Aspekt für den Aufbau und die Aufrechterhaltung eines Qualitätsmanagementsystems: die Bewusstseins- und Haltungsbildung unter allen Mitarbeiter/innen. Die konsequente Interpretation aller Interaktionspartner/innen als Kunden oder auch Interessenspartner/innen – und damit als Gruppen, die bestimmte Wünsche und Erwartungen stellen, erleichtert diese Haltungsbildung.

2.4 Aufgaben des Qualitätsmanagements

Generell wird in Aufgaben der **Aufbauorganisation** und Aufgaben der **Ablauforganisation** unterschieden, die wir in den Kapiteln »QM-Aufbauorganisation« und »QM-Ablauforganisation« noch konkretisieren. An dieser Stelle soviel:

Zur **Aufbauorganisation** gehört wesentlich die Verteilung von Verantwortungen und die Festlegung von Zuständigkeiten. Sinn dieser Aufgabe ist eine klare Abgrenzung der Tätigkeits- und Verantwortungsbereiche in einer Organisation. Dargelegt wird dies in Stellenbeschreibungen.

Zur **Ablauforganisation** gehört das Beschreiben der notwendigen Arbeitsschritte, mit denen die gestellte Aufgabe und damit das gesetzte Ziel erreicht werden können – kurz gesagt: Es werden Qualitätsstandards entwickelt und damit ein ›betrieblicher Maßstab‹ geschaffen.

Ein weiterer Schritt ist die Erprobung und Überprüfung der ausgewählten Arbeitsschritte mit Blick auf die formulierten Ziele. Dafür müssen sogenannte ›Prüfpunkte‹ im Prozessablauf bestimmt werden, an denen ein Soll-Ist-Vergleich vorgenommen wird. Wichtig ist die Eigenverantwortung aller Mitarbeiter/innen herauszustellen. Erproben ist immer verbunden mit einem Streben nach Verbesserungen. Verbesserungen können aber nur entwickelt werden, wenn ›fehllaufende‹ Prozesse benannt und reflektiert werden. Hierin liegt ein wesentlicher Aspekt von ›Qualität‹: das Streben nach Verbesserung erhält ein Qualitätsmanagementsystem ›am Leben‹. Einmal aufgebaut erfordert es eine ständige Reflexion und Überarbeitung. Das erfordert aber letztendlich, dass alle Mitarbeiter/innen auf allen einrichtungsspezifischen Hierarchieebenen die Bereitschaft einbringen, Nachfragen und Problemanalysen zuzulassen und mitzugestalten.

Eine letzte – schon angesprochene Aufgabe – ist die Dokumentation. Im Rahmen eines QM's wird ein Dokumentationssystem errichtet, dass die Nachvollziehbarkeit (im Sinn von Wiederholbarkeit) und Rückverfolgbarkeit in der Arbeit sichert und Transparenz über Strukturen und Prozesse – sowohl nach innen, als auch nach außen – schafft.

Dokumentation spielt somit im QM eine besondere Rolle. Sie ist Mittel zum Zweck und soll daher angemessen betrieben werden. Sie soll den Prozess stützen und absichern. Entsprechend werden alle qualitätsrelevanten Aktivitäten beschrieben und in einem sogenannten QM-Handbuch dargelegt.

›QM‹ verlangt immer eine einrichtungsbezogene Betrachtungsweise. QM-Systematiken wie z.B: die ISO-Norm sagen zwar, **was** zu machen ist, sie schreiben aber nicht vor **wie** es zu machen ist. Die Umsetzung der genannten Aufgaben orientiert sich an den Zielen und den zur Verfügung stehenden Mitteln – und damit an der Machbarkeit in den einzelnen Einrichtungen.

Ein Qualitätsmanagementsystem liefert den Einrichtungen demnach:

- eine Vergleichbarkeit in Bezug auf die Leistungserbringung
- die Nachvollziehbarkeit durch den betrieblichen Maßstab und damit Überprüfbarkeit des gesamten Arbeitsprozesses und damit eine vorbeugende Fehlervermeidung
- die Rückverfolgbarkeit durch lückenlose Dokumentation und klare Zuständigkeiten
- Transparenz nach innen und außen und
- die Möglichkeit der Überprüfung durch externe, unabhängige Stellen. (Audits, Zertifizierung)

Zusammenfassend kann man sagen:
Ein QM beantwortet – bezogen auf die Organisation – folgende **W-Fragen**:

WAS soll erreicht werden?	Zielvorgabe ⇨ Ergebnisqualität
WIE wollen wir es tun?	Ausgestaltung ⇨ Prozessqualität
WER, **WOMIT**, in **WELCHER ZEIT**?	Kompetenzen ⇨ Strukturqualität und Ressourcen

Für den Prozess der Qualitätsentwicklung und -sicherung ergibt sich daraus folgender Leitsatz – und zwar sowohl für die gesamte Organisation, als auch für jede/n einzelne/n Mitarbeiter/in:

! **»Sage, was du machst, und mache, was du sagst!«**

3 Schritte zur praktischen Umsetzung

Gesetzliche Vorgaben bzw. Zwänge mögen zwar auch eine Form der Motivation für den Aufbau eines QM-Systems darstellen; eine Einsicht und eine Überzeugung, die dazu führt, dass das QM auch gelebt wird, bringen sie aber nicht zwangsläufig hervor.

Es steigert aber die Motivation und die Bereitschaft Eigenverantwortung zu übernehmen erheblich, wenn

- Engagement honoriert wird und Verbesserungsvorschläge umgesetzt werden,
- Kompetenzen anerkannt werden und Verantwortung übertragen wird,
- man informiert und an Entscheidungen beteiligt wird,
- Entwicklungsaussichten vorhanden sind,
- gute Arbeitsbedingungen und ein gutes Arbeitsklima den beruflichen Alltag prägen,
- Leitungskräfte Vorbilder sind und den Erwartungen, die sie an die Mitarbeiter/innen stellen, selbst auch gerecht werden.

Qualitäts- und Leistungsfähigkeit eines Unternehmens ist folglich nicht nur von den organisatorischen Fähigkeiten und den strukturellen Ressourcen abhängig, sondern entwickelt sich entscheidend über die Leistungsbereitschaft aller Führungskräfte und Mitarbeiter/innen.

Die beschriebenen ›Motivationsfaktoren‹ beinhalten Anforderungen in beide Richtungen. Das, was Mitarbeiter/innen leisten und leisten wollen, muss die Leitungsebene zulassen und fördern. Das, was die Leistungsebene einfordert, müssen Mitarbeiter/innen als Ausdruck von Professionalität verstehen und umzusetzen bereit sein. In diesem Sinn ist auch folgender Leitspruch unbekannter Herkunft zu verstehen:

»Qualitätsmanagement beginnt im Kopf der Leitung, aber das ist nur die halbe Wahrheit, denn: Jeder ist für die Qualität seiner Arbeit verantwortlich!«

QM ist damit verknüpft, dass in einer ›Organisation‹ die Erkenntnis für ein vielleicht neues, vor allem aber anderes, von allen Beteiligten getragenem Denken und Handeln reift, in dessen Mittelpunkt der Blick auf den Kunden steht.

Bevor wir Schritte zur praktischen Umsetzung erläutern, wollen wir kurz auf die Kostenargumentation eingehen, die die Einführung eines QM-Systems zwangsläufig begleitet und ein erheblicher Motivationshemmer sein kann.

Mitarbeiter/innen äußern in diesem Zusammenhang häufig die Befürchtung, über das QM wird eine Kostenersparnis angestrebt, die letztendlich zu Stellenkürzungen und zur Verschlechterung der Arbeitsbedingungen führt. Diese Befürchtung halten wir in Zeiten knapper finanzieller Mittel für verständlich und in vielen Einrichtungen ist die Existenzfrage durchaus auf der Tagesordnung.

Hier steht dann in erster Linie die Leitung in der Pflicht, Transparenz über die wirtschaftliche Situation herzustellen, die Mitarbeiter/innen offen zu informieren und sie gegebenenfalls in ›Überlebensstrategien‹ einzubinden. Generell aber ist **QM kein Argument für die Kostendiskussion**!

Der Begriff ›Kosten‹ taucht im QM selber nur in der Variante der ›Qualitätskosten‹ auf, und darunter werden – wie schon angesprochen –Prüfkosten, Fehlervermeidungs- und Fehlerbeseitigungskosten verstanden.

Das leitet sich aus der grundlegenden Motivation für ein QM her, die ja lautet, ›Fehler zu vermeiden und Verbesserungen anzustreben‹, ganz nach dem Slogan: »Qualität kostet nichts, Fehler kosten!«

QM lässt sich folglich nicht auf eine bloße Kosten-Nutzen-Analyse im betriebswirtschaftlichen Verständnis reduzieren. Es kann nicht die Frage sein: ›Wie viel kostet uns Qualität und können wir uns das leisten?‹

Viel eher muss die Frage lauten: ›Können wir es uns leisten, Qualität nicht zu leisten?‹ Dies erfordert von Ihnen zwangsläufig Antworten auf folgende Fragestellungen:

Für wen leisten Sie Ihre Arbeit? Wie leisten Sie diese Arbeit? Wie gut ist Ihre Arbeit? Woran orientiert sie sich? Was ist sie wert, sowohl dem, der sie einfordert, als auch Ihnen selbst? Wie sichern Sie Ihre Leistung?

QM folgt dabei keinem Selbstzweck, sondern unterstützt die Qualität der inhaltlichen Arbeit, denn QM beinhaltet: Strukturierung, Aufgabenverteilung, Prozesslenkung Überprüfung, Veränderung, Absicherung.

Durch die gesetzlichen Vorgaben sind die Träger der Sozialarbeit – wie schon angesprochen – aufgefordert, nicht mehr nur Art und Umfang ihrer Arbeit, sondern künftig auch die Qualität ihrer Arbeit und entsprechende Prüfkriterien und -vereinbarungen darzulegen.

Die Kosten für ein QM-System, das die sozialen Unternehmen aufbauen, um ihre Maßnahmen zur Qualitätssicherung – entsprechend der gesetzlichen Forderungen – transparent machen zu können, müssten folglich künftig als ein Faktor gewertet werden, der sich im Kostensatz niederschlägt.

Wenn wir schon beim Stichwort ›Kosten‹ sind, dann noch einige Anmerkungen. Aus betriebswirtschaftlicher Sicht muss sich jedes Unternehmen natürlich auch die Frage nach dem Nutzen eines QM-Systems stellen. Der Blick auf die Grundidee im QM und damit auf die Definition des Begriffs ›Qualitätskosten‹ ist dabei vielleicht hilfreich. Es geht im QM darum, dass Sie Verbesserungspotential ausschöpfen und mögliche Störungen rechtzeitig erkennen und verhindern.

Den ›Nutzen‹ bestimmen Sie dann über die Auswirkungen, die die im Rahmen des QM's aufgestellten strukturellen Regelungen und prozesslenkenden Maßnahmen haben:

- Fördern sie die Kundenzufriedenheit und steigern damit womöglich den ›Marktanteil‹?
- Verringern sie Fehler und damit Kosten und Regressansprüche?
- Sichern sie die Argumentation gegenüber dem Kostenträger?
- Ermöglichen sie gegebenenfalls eine genaue Zuordnung von Kosten und Leistungserbringung?
- Bieten sie Orientierung für die Mitarbeiter/innen und schaffen dadurch ein Arbeitsklima, das einen hohen Krankenstand und Desinteresse an der Arbeit verhindert?

Alles in allem: Wir meinen es steckt in jedem Punkt ein Argument für den Aufbau eines QM-Systems in sozialen Einrichtungen.

3.1 Baustein Ist-Analyse

Wie funktioniert nun also die Umsetzung in die Praxis, womit fangen Sie an?

Praxistipp:
Grundsätzlich steht die klare Entscheidung der Leitung für die Errichtung eines QM-Systems an erster Stelle!

Die Leitung einer Einrichtung muss es möglich machen, dass Raum, Zeit und Mittel zur Umsetzung zur Verfügung stehen.

Ohne dieses klare JA zur Umsetzung wäre schon an dieser Stelle die Arbeit für Sie beendet, da eine unschlüssige Haltung in dieser Frage alle nachfolgenden Bemühungen zunichte machen würde. Der Aufbau eines QM-Systems in einer Einrichtung erfordert einfach die Möglichkeit, sich in Qualitätszirkeln oder eventuell noch weiteren Arbeitsgruppen diesen Aufgaben voll widmen zu können.

Sind die Voraussetzungen geklärt liegt der nächste Schritt in einer Art Bestandsaufnahme – der **Ist-Analyse**. Dadurch schaffen Sie sich einen Einblick und Überblick über Strukturen und Prozesse in Ihrer Einrichtung.
Sie tragen zusammen:

- Wie sind wir strukturiert?
- Wie laufen unsere Prozesse?
- Wie wird überprüft?
- Wie werden Ergebnisse erfasst und gesichert? und
- Wie wird letztendlich dokumentiert?

Praxistipp:
Hier müssen Sie überlegen, ob Sie sich die Zeit für persönliche Gespräche mit den Mitarbeiter/innen nehmen können. Je nach Größe der Einrichtung ist das Interview mit Mitarbeiter/innen eine gute Möglichkeit direkt das Anliegen, das mit einem QM verbunden ist, noch einmal vorzutragen und zu motivieren, sich an der Umsetzung zu beteiligen.

Ermuntern Sie Ängste und Befürchtungen zu artikulieren, hören Sie zu und nehmen Sie Kritik wahr, lesen Sie zwischen den Zeilen.

Im Gespräch lassen sich Zweifel und Skepsis aufarbeiten, außerdem erfahren Sie schon hier wo es Ansätze zur Verbesserung gibt frei nach dem Motto: Wo klappt es gut, wo hakt es? Vielleicht sind Sie viel besser als Sie dachten? Welche Ressourcen hat Ihre Einrichtung und wie sind sie in der Zukunft einzusetzen?

Ein Interviewleitfaden zur Organisationsstruktur könnte beispielsweise folgende Fragen beinhalten:

- Welche Funktion üben Sie aus?
- Wer ist Ihnen über- oder unterstellt?
- Sehen Sie Hindernisse im Rahmen der Entscheidungsfindung und wo?
- An welchen Besprechungen in der Einrichtung nehmen Sie teil?
- Würden Sie weitere Besprechungsgremien für sinnvoll halten? Wenn ja, welche?

- Mögliche Ergebnisse dieser Besprechungsrunden?
- Haben Sie Vorschläge zur Verbesserung des Informationsflusses?
- Gibt es Absprachen bei bestimmten Arbeitsprozessen?
- Wo halten Sie Vereinbarungen für dringend erforderlich?
- Was dokumentieren Sie in Ihrem Funktionsbereich und wie?

Wichtig ist es, Stimmungen und Motivation zu erfahren und einzuordnen. Entscheidend aber sind Fragestellungen, die Ihnen Strukturen und Abläufe in der Einrichtung beantworten. Wie steht es mit der Verteilung von Verantwortungen, mit Personal und Mitarbeiterqualifikation, mit den Ressourcen schlechthin? Wie wird geplant? Wie konsequent werden Zielsetzungen im Handlungsalltag umgesetzt? Wie und was wird dokumentiert?

Gerade im letzten Punkt finden Sie einen unserer Erfahrung nach lohnenden Ansatzpunkt.

Dokumentation findet vielfältig statt. Machen Sie einmal die Probe aufs Exempel. Hinterfragen Sie die Aktenführung. Auch wenn Sie vielleicht anfänglich bei sich selbst und/oder Ihren Mitarbeiter/innen auf eine Art Abwehrhaltung stoßen. Sie werden kurz über lang feststellen, wieviel z.B. für eine geregelte Aktenführung spricht. Es ist ein Vorteil im Alltag, wenn die Ablage geklärt ist, es ist arbeitserleichternd, wenn Klientenakten einheitlich gegliedert sind und es erspart Doppelarbeit, wenn klar zugeordnet ist, wer für welche Dokumente verantwortlich ist.

Zurück zur Ist-Analyse. Bei der Auswertung der Interviews wie auch der Fragebögen stellt sich Ihnen die Aufgabe zu überlegen: **›Was behalten wir bei, was verändern wir?‹**

Hier würden die ersten konkreten Aufgabenstellungen für den Qualitätszirkel sichtbar. Die Ergebnisse werden gemeinsam ausgewertet und es wird überlegt wie die zukünftige Arbeit gestaltet werden soll. Die Betonung liegt hier bewusst auf **gemeinsam**. Vergleichen Sie das tatsächliche praktische Handeln mit den gesteckten Zielen.

Praxistipp:
Steigen Sie mit positiven Dingen ein! Nicht die Frage: ›Wo stimmen Ziel und tatsächliches Tun nicht überein?‹ steht am Anfang, sondern: ›Wo läuft es gut und wie können wir dieses festhalten und sichern?‹

Erst im nächsten Schritt werden dann notwendige Soll-Vorgaben formuliert. Hilfreich ist, die Arbeit zu verteilen und in sogenannten Aktionsplänen zu dokumentieren. Hier halten Sie während der Qualitätszirkel fest: Wer macht was, bis wann mit wem? Dazu können Sie sich leicht selbst ein Raster erstellen.

Aktionsplan			**Datum: 18. Mai**
Was?	**Wer?**	**Wie?**	**Bis wann?**
a) Dokumente sichten	Frau Meier	Absprache mit Gruppen	in 4 Wochen
b) Formulare abgleichen	Herr Müller	Kooperation/Verwaltung	in 6 Wochen
c) Inhaltsverzeichnis/Akte	Frau Otto		zum nächsten Q-Zirkel
d) Reflexion im Team zum Aufnahmeprozess	Team und Q-Beauftragte	Zusammenstellen der notwendigen Prozessschritte	zur Teamsitzung
etc.			

Abb.: Entwurf für einen Aktionsplan

! **Achtung:** ›Machbarkeit‹ berücksichtigen!

Wenn im Rahmen der Qualitätsentwicklung und -sicherung derartige Aktionspläne erstellt werden, müssen die angestrebten Zielsetzungen und die daraus resultierenden Aufgaben mit den Möglichkeiten und Ressourcen der Einrichtung vereinbar sein. Eine zu idealistische Herangehensweise erweist sich im Arbeitsalltag oft als Überforderung, die schnell den ganzen Prozess hemmen kann und damit frustrierend und demotivierend wirkt.

Qualität respektive Qualitätsentwicklung braucht einfach auch Zeit!

Am Ende dieser ersten Phase muss eindeutig klar sein, wo die Einrichtung steht und wo sie hin will. Je nach Größe der Einrichtung kann dieses Erfassen des »Ist-Zustandes« natürlich nicht übergreifend stattfinden, sondern muss Abteilung für Abteilung oder Fachbereich für Fachbereich durchgeführt werden. Sinnvoll ist dann die schon erwähnte Steuerungsgruppe, in der die Ergebnisse zusammengefasst und das weitere Vorgehen beschlossen werden. Eine Aufteilung in kleine Fachbereichszirkel oder temporäre Arbeitsgruppen zu verschiedenen Themen ist dann durchaus ein probates Mittel.

3.2 Der Qualitätszirkel und seine Bedeutung

In einem Qualitätszirkel lösen Mitarbeiter/innen gemeinsam die Fragestellungen und Probleme, die im Rahmen des Aufbaus und der Aufrechterhaltung eines Qualitätsmanagements entstehen. Alle Mitarbeiter/innen sind aufgefordert sich hier zu beteiligen, denn sie kennen die Arbeitsabläufe und die strukturellen Arbeitsbedingungen an ihren Arbeitsplätzen am besten.

Prinzipien für die Einrichtung von Qualitätszirkeln sind:

- die freiwillige Teilnahme der Mitarbeiter/innen
- die Vertretung aller Bereiche
- Leitungskräfte sind im Qualitätszirkel nicht weisungsbefugt

Gerade der letzte Punkt ist sehr bedeutend; der Qualitätszirkel soll eben ein Gremium im Unternehmen sein, das den offenen Umgang miteinander praktiziert.

Dieser Anspruch mag sehr idealistisch und in der Realität kaum umsetzbar sein. Wenn der Chef dabei ist, überlegen sich die Mitarbeiter/innen sehr genau, was sie äußern oder was eben lieber nicht – ganz nach dem Motto: »Chef bleibt Chef – wer weiß, ob mir eine zu große Offenheit nicht später schadet«.

Ein Argument, das sich nicht so einfach widerlegen läßt, aber: der Leitung des Unternehmens oder der sozialen Einrichtung kommt unter Qualitätsgesichtspunkten eine besondere Rolle zu. Das beinhaltet, dass ›Leitung‹ auch für sich reflektieren muss, welchen Umgangsstil sie gegenüber den Mitarbeiter/innen pflegt, welche Offenheit und Transparenz sie durch ihr eigenes Verhalten zulässt. Im Sinne der Rolle und damit der Funktion des Qualitätszirkels ist das unerläßlich. Der Qualitätszirkel ist nicht nur das Gremium, in dem qualitätsentwickelnde und -sichernde Maßnahmen erarbeitet werden; wichtig ist, das die gemeinsame Arbeit im Qualitätszirkel die Kommunikation untereinander fördert und Einblick in andere Arbeits- und Verantwortungsbereiche gewährt.

So kann man sagen, der Qualitätszirkel wird damit auch zu einem Mittler zwischen den Hierarchieebenen. Die intensive Zusammenarbeit in Bezug auf unternehmens- bzw. einrichtungsspezifische Belange trägt zum einen zur Entwicklung von Teamgeist und Teamfähigkeit bei. Zum anderen verhilft sie dazu, Stress und Frustration über den Arbeitsalltag zu artikulieren und abzubauen und damit die Identifikation mit der inhaltlichen Arbeit zu stärken.

Welche Aufgaben hat der Qualitätszirkel?

- Probleme erkennen
- Probleme sammeln und Prioritäten setzen
- Problem beschreiben
- Ursachen analysieren
- Lösungsalternativen entwickeln und auswählen
- Lösung umsetzen
- Erfolg kontrollieren

Sie sehen, im Qualitätszirkel laufen alle QM'ʻs-Aktivitäten zusammen und gleichzeitig gehen von ihm alle Verbesserungsimpulse aus. Er wird damit zum wichtigen Controlling-Instrument. Im Sinn einer ziel- und ergebnisorientierten Lösungsstrategie werden konkrete Handlungsmaximen verabschiedet, deren Umsetzung überwacht und deren Auswirkungen überprüft.

Praxistipp:
Im Qualitätszirkel sollen Mitarbeiter/innen aus allen Fachbereichen vertreten sein.

Je nach Größe der Einrichtung ca. 5 bis 10 Mitarbeiter/innen. Bei sehr großen Einrichtungen empfiehlt sich die Gründung mehrerer – auf die Bereiche ausgerichtete – parallel arbeitender Qualitätszirkel. Eine zusätzlich eingerichtete ›Steuerungsgruppe‹ sollte dann die Einzelergebnisse koordinieren.

Wie sich die Mitarbeiter/innen finden, die im Qualitätszirkel zusammenarbeiten, ist nicht zuletzt oft auch Ausdruck der herrschenden Unternehmenskultur. ›Delegiert‹, ›gewählt‹, ›freiwillig gemeldet‹, alles ist möglich. Auch Formen von Rotation in der Beteiligung – allerdings ist es dann empfehlenswert, die Teilnehmer/innen nicht in zu kurzen Abständen auszuwechseln. Das schadet der Arbeitsfähigkeit.

Die Teilnehmer/innen im Qualitätszirkel selber sollten sich darüber bewußt sein, dass sie immer auch eine Multiplikatorenfunktion haben. Alles, was im Qualitätszirkel thematisiert wird, muss in die Teams getragen werden; und entsprechend müssen Diskussionsergebnisse aus den Teams wiederum in die Qualitätszirkelarbeit zurückfließen. Aber auch die Mitarbeiter/innen, die nicht im Qualitätszirkel mitarbeiten haben ihre Aufgabe und tragen Verantwortung. Sie unterstützen die Qualitätszirkelarbeit nicht nur indem sie gegebenenfalls Arbeitszeit vertreten, sondern auch dadurch, dass sie Stolpersteine in Schlüsselprozessen benennen, Arbeitsergebnisse umsetzen und erproben und dabei eben die Wirksamkeit der Verabredungen reflektieren und notfalls auch kritisieren.

3.3 QM-Handwerkszeug

Wie arbeiten Qualitätszirkel und auch Teamsitzungen ergebnisorientiert? Welche Hilfsmittel zur Strukturierung von Sitzungen kennen Sie bzw. wenden Sie an? – Fragen die im Arbeitsalltag sozialer Einrichtungen eher selten gestellt werden. Lassen Sie uns einmal raten!

Vermutlich orientieren Sie sich an Tagesordnungspunkten, vielleicht sind Sie auch soweit organisiert, dass ein/e Mitarbeiter/in die Gesprächsleitung übernimmt.

Aber dann? Wie verläuft solch eine Sitzung? Wie nähern Sie sich Problemstellungen? Wie erarbeiten Sie Lösungen? Wie halten Sie Ergebnisse – besonders wenn es sich um Zwischenergebnisse handelt – fest?

Liegt hier vielleicht schon ein Problem? Kennen Sie die Unzufriedenheit darüber, in der Diskussion immer wieder von vorn anfangen zu müssen oder ohne eindeutig formulierte Ergebnisse gemeinsame Gesprächsrunden zu beenden?

Wir stellen einige Möglichkeiten vor, die helfen können, derartige Besprechungen zu lenken und Themenbeiträge und Diskussionsinhalte festzuhalten.

Die **Moderation**: Moderator/innen sind methodische Helfer/innen auf dem Weg zur Problemlösung oder der gemeinsamen Erarbeitung eines Themas. Dabei müssen zwei Faktoren gleichermaßen berücksichtigt werden:

- die Abstimmung der Zielerreichung – Sachebene
- den Erhalt eines guten Gruppenklimas – Beziehungsebene

Gesprächsrunden durchlaufen verschiedene Phasen wie – Eröffnung – Informationsphase – Argumentationsphase – Entscheidungsfindung – Resümee und Ausklang – die entsprechende Moderationsaufgaben erfordern. Das bedeutet in der Praxis:

Moderator/innen eröffnen die Gesprächsrunde, sammeln die Themen, wählen die entscheidenden Punkte aus, sie leiten das Gespräch, geben Stichworte, setzen Gesprächsregeln durch, sprechen mögliche Störungen an, benennen Zwischenergebnisse, fassen Ergebnisse zusammen und abschließend leiten sie die Reflexion des Gesprächsverlaufs an.

Moderator/innen steuern folglich den Gesprächsverlauf, nicht aber den Inhalt. Konkret heißt das: Ermuntern Sie zum Reden und lassen Sie reden, geben Sie Teilnehmer/innen Hilfestellung, die Formulierungsschwierigkeiten haben oder sich nicht recht trauen. Machen Sie Mut, achten Sie darauf, dass jeder bemüht ist, den anderen zu verstehen und von ihm verstanden zu werden. Bewerten Sie die Teilnehmeräußerungen nicht, sondern stellen Sie die Teilnehmeräußerungen in den Mittelpunkt, erbitten Sie Meinungen und Fragen und halten Sie sich selbst inhaltlich zurück. Achten Sie darauf, dass jeder zu Wort kommt, halten Sie mit den Gesprächsteilnehmern Blickkontakt und zeigen Sie den roten Faden auf!

In Besprechungsrunden sind folgende Methoden hilfreich, um zu klaren Ergebnissen zu gelangen:

Problemlösungsstrategien – sie unterstützen darin, Meinungen und Gedanken zu sammeln und diese bestimmten Gesichtspunkten zuzuordnen und auch zu bewerten.

Mit der »Kartenabfrage«, der »Kraftfeldanalyse« und »Den sieben Fragen des Lieferanten« stellen wir Ihnen drei Formen vor.

Die **Kartenabfrage**: Sie ist eine einfache Art an Probleme und Fragestellungen heranzugehen und eignet sich zum Sammeln, Ordnen und Verdichten von Informationen und zur Abfrage möglicher Ursachen von Problemen. Mit der Kartenabfrage können auch sonst eher ›stille‹ Mitarbeiter/innen in den Gedankenaustausch einbezogen werden. Die einzelnen Aussagen werden auf Karten niedergeschrieben, wobei gilt:

- nur eine Idee auf einer Karte,
- nicht mehr als drei Zeilen,
- deutlich schreiben mit dickem Filzschreiber!

Dann werden die Karten eingesammelt, gemischt, laut vorgelesen und an eine Pinnwand geheftet. Dabei sollten Wertungen vermieden werden und Nachfragen nur zur Verständnisklärung gestellt werden.

Im nächsten Schritt werden die Karten mit gleichem oder ähnlichem Inhalt geordnet und unter einem Oberbegriff zusammengefasst.

An dieser Kartensammlung lassen sich durch Abpunkten (Ranking) Handlungsprioritäten bestimmen und konkrete Vereinbarungen über das weitere Vorgehen treffen.

Die **Kraftfeldanalyse**: Diese Methode eignet sich bei der Einführung von Erneuerungen und/oder Veränderungen; ebenso bei der Entwicklung von Zielvereinbarungen.

Zwischenmenschliche Faktoren und Motivationsprobleme werden in dieser Methode berücksichtigt. Ausgangspunkt ist die Annahme, dass es für jedes Problem unterschiedliche Einflußgrößen gibt; bei der Betrachtung sind besonders die hemmenden und fördernden Faktoren interessant. Hilfreich: Es wird ein konkreter Aktionsplan erarbeitet.

Schritte der Kraftfeldanalyse:

1. **Was ist das** Problem? Was ist das **Ziel**?	
2. Hemmende Faktoren, die dem Ziel entgegenwirken, sammeln.	4. Fördernde Faktoren, die zur Zielerreichung führen, sammeln.
3. Die drei wichtigsten hemmenden Faktoren bestimmen.	5. Die drei wichtigsten fördernden Faktoren bestimmen.
6. Maßnahmen auswählen, die die hemmenden Faktoren abschwächen können.	7. Maßnahmen auswählen, die die fördernden Faktoren noch verstärken können.
8. **Aktionsplan** Für die ausgewählten Maßnahmen wird festgelegt: Wer macht was, wie, wann etc.?	

Praxistipp:
Wichtig ist, darauf zu achten, dass bei der Sammlung der fördernden Faktoren nicht einfach nur die hemmenden Faktoren ins ›Positive‹ gedreht werden, sondern noch einmal gezielt über mögliche Verbesserungen nachzudenken.

Beispiel: *Mitarbeiter/innen stellen fest, dass die regelmäßigen Teamsitzungen unbefriedigend verlaufen und vor allem Absprachen nicht eingehalten werden. Mit der Kraftfeldanalyse könnten folgende Ideen und Maßnahmen zusammengetragen werden:*

1. **Zielsetzung**: Effektive Teamsitzungen – klare Ergebnisse	
2. Hemmende Faktoren, die dem Ziel entgegenwirken: - Zu wenig Zeit - Keine Gesprächsführung - Unzureichende Vorbereitung der Sitzung - Einzelne Mitarbeiter/innen sind nicht anwesend - Absprachen werden nicht richtig festgehalten	4. Fördernde Faktoren, die zur Zielerreichung führen: - Vorabinformation über die Tagesordnungspunkte - Gesprächskultur entwickeln - Die Bedeutung der Teamsitzungen verdeutlichen
3. Die drei wichtigsten hemmenden Faktoren: (ermittelt z.B. durch ›Abpunkten‹) - Keine Gesprächsführung - Einzelne Mitarbeiter/innen sind nicht anwesend - Absprachen werden nicht richtig festgehalten	5. Die drei wichtigsten fördernden Faktoren: - Vorabinform. über die Tagesordnungspunkte - Gesprächskultur entwickeln - Die Bedeutung der Teamsitzungen verdeutlichen
6. Maßnahmen, die die hemmenden Faktoren abschwächen: - Moderation festlegen - Dienstplan abstimmen mit Termin für die Teamsitzung - Protokolle am Ende der Sitzung verlesen - Aufgaben klar verteilen/Aktionspläne erarbeiten	7. Maßnahmen, die die fördernden Faktoren verstärken: - Liste mit TOP's aushängen - Interne Fortbildung Gesprächsführung - Generelle Inhalte von Teamsitzungen festlegen - Teilnahme an Teamsitzungen verpflichtend machen
8. **Aktionsplan:** Für die ausgewählten Maßnahmen wird festgelegt: Wer macht was, wie, wann etc.?	

Aktionsplan:		**Datum: 15.5.03**
Was?	**Wer?**	**Bis wann?**
Moderator/in auswählen – Liste erstellen	Fr. Schmitt	18.5.03
Vordruck: Aktionsplan entwickeln	Fr. Otto	18.5.03
Liste für TOP's aushängen		sofort
Dienstplan überprüfen	Fr. Meier	20.5.03
An Protokollregelung erinnern	Hr. Lutz	nächste Sitzung
Fortbildung organisieren	Hr. Knabe	25.5.03
Fragen erörtern: ›Was bedeutet uns die Teamsitzung? Wozu dienen sie?	Groß-Team	nächste Sitzung
Stellenbeschreibungen ergänzen bzgl. Teilnahme an Teamsitzungen	QB	25.5.03

Ähnlich, aber noch einmal mit anderen Aspekten strukturieren die **»Sieben Fragen des Lieferanten«** eine gemeinsame Diskussion.

Sie leiten zur Reflexion der Kundenbeziehungen an und sind damit besonders geeignet, organisatorische oder informative Probleme zu klären. Sie arbeiten die Fragen ab und halten die Antworten fest zu:

1. **Wer ist mein Kunde, intern und auch extern?**
2. **Was benötigt mein Kunde von mir? (Ware/Dienstleistung)**
3. **Welche Erwartungen hat mein Kunde? (Ziele/Messgrößen) Soll-Erwartungen**
4. **Was biete ich ihm jetzt? (Ware/Dienstleistung/Qualitätsmerkmal) Ist-Situation**
5. **Wo erfülle ich seine Erwartungen nicht?**
6. **Was kann ich tun, um seine Erwartungen zu erfüllen? (Welche Tätigkeiten/Vorgänge muß ich ändern?)**
7. **Welche Aktionen setze ich um? (Was? Wer? Wann? Womit? Wie?)**

Neben den Problemlösungsstrategien spielen auch Techniken zur Ideenfindung eine Rolle; sie regen die Mitarbeiter/innen an, neue Wege in der Arbeit zu erschließen. Zu den bekanntesten zählt das Brainstorming und das sogenannte Mindmapping.

Brainstorming: Beim Brainstorming geht es darum, möglichst viele Ideen ohne Kritik und Wertung zu sammeln. Zu einer gezielten Fragestellung wie zum Beispiel »Wie können wir unsere Form der Elternarbeit verbessern?« werden nun alle aufkommenden Gedanken zusammengetragen. Es ist sinnvoll zwei oder drei Mitarbeiter/innen im Vorfeld zu bestimmen, die die genannten Ideen im Wechsel mitschreiben.

Das Brainstorming führt zu einer vielschichtigen Betrachtung der Ausgangsfrage, da die teilnehmenden Mitarbeiter/innen sich mit ihren Äußerungen gegenseitig inspirieren.

Mindmapping: Das Mindmapping ist wie das Brainstorming – eine Technik zur Ideensammlung. Die Ideen werden in einer bestimmten Art und Weise festgehalten – in der **»mind-map«**:

Das benannte Problem oder die Zielstellung wird in den Mittelpunkt gestellt, über Haupt- und Nebenäste werden Ideen und Gedanken angetragen; Symbole und Piktogramme betonen Wesentliches. Wie beim Brainstorming können die Mitarbeiter/innen viele Perspektiven einbringen und weiter vertiefen; es wird alles festgehalten, nichts geht verloren.

Abb.: Mind-Map – Beispiel zum Thema: Ergebnisorientierte Arbeit im Qualitätszirkel

Mit den Techniken zur Ideenfindung können Sie zum Beispiel in die Planung neuer Projekte einsteigen; es ist immer sinnvoll sie dann einzusetzen, wenn der Weg, die Richtung noch nicht ganz geklärt ist.

Die Problemlösungsstrategien dienen Ihnen dann im folgenden, die Gedanken zu strukturieren und die Umsetzung zu präzisieren.

Praxistipp:
Unserer Erfahrung nach lohnt es sich künftige Besprechungsrunden mit Hilfe der gezeigten Techniken zu gestalten. Dafür bedarf es auch nicht unbedingt besonderer Fähigkeiten und Fertigkeiten. ›Gemeinsam Einüben‹ kann auch ein Weg sein.

Warum propagieren wir derartige Techniken?
Es werden damit nicht nur aktuelle Besprechungen strukturiert, sondern auch systematisch Ergebnisse festgehalten und Diskussionsgrundlagen für weitere Sitzungen erarbeitet. So wird verhindert, dass wertvolle Ideen und Gedanken ›verloren gehen‹ und dass Sie ›immer wieder von vorn anfangen‹.

Jede mind-map beispielsweise ist in der Regel so umfangreich, dass selten alle Gesichtspunkte in einer Sitzung bearbeitet werden können. ›Prioritäten setzen‹ ist dann die Aufgabe und ›die offenen Fragen nacheinander abarbeiten‹ der Weg. Die mind-map selbst dient dann immer wieder als Vorlage. Entsprechend verhält es sich mit den anderen vorgestellten Techniken; sie ermöglichen ein wiederholtes Aufgreifen von Themenstellungen – frei nach dem Motto: ›Was man schwarz auf weiß hat, kann man getrost nachhause tragen‹.

Bei der Klärung von Zusammenhängen und Auswirkungen finden Sie ein wirksames Instrument im **»Ursache-Wirkungsdiagramm«** (Ishikava- oder Fischgrätdiagramm):

Es ist eine grafische Darstellung, die in kompakter Form Ursachen logisch und geordnet aufzeigt. Dahinter liegt die Überlegung, dass eine bestimmte Wirkung selten auf einer einzigen Ursache – und schon gar nicht auf der vermeintlich offensichtlichsten – beruht.

Vielmehr sind Ursachen meist in folgenden Feldern zu suchen:

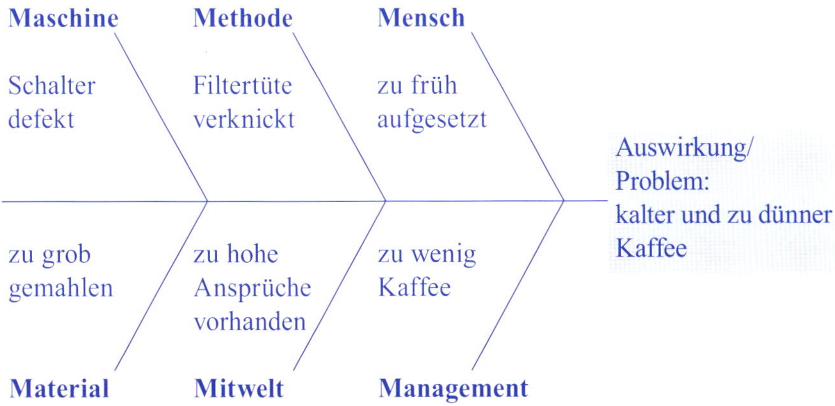

Abb.: ISHIKAWA-Diagramm – festgestellte Auswirkung: kalter und zu dünner Kaffee

In der praktischen Anwendung ist man frei, weitere Felder zu definieren, die der jeweils zu suchenden Wirkung gerecht werden.

Im Mittelpunkt der Betrachtung steht die Auswirkung bzw. Problemstellung. Jetzt wird in den einzelnen Bereichen – wie *Mensch, Maschine Material etc.* – nach möglichen Ursachen gesucht.

Das Ishikawa-Diagramm dient folglich dazu, Entstehungsursachen für konkret bestimmbare Auswirkungen zu ermitteln. Es eignet sich damit zur Klärung von Prozessverbesserungen und zur Analyse von Fehlern, Reklamationen und anderen Auffälligkeiten. Anschließend kann überlegt werden, welche Wege eingeschlagen werden müssen, um mögliche Fehler- bzw. Störursachen zu beseitigen.

Es ist sinnvoll beispielsweise über eine Art Brainstorming möglichst viele denkbare Ursachen für ein identifiziertes Problem aufzulisten, ihre Beteiligung und Wirkung abzuprüfen und nicht in Frage kommende Ursachen auszusondern.

Ideensammlungen, die Anwendung von Problemlösungsstrategien und Ursache-Wirkung-Erforschung liefern Gedanken und Wege zur Verbesserung.

Wenn Prioritäten ermittelt wurden, dient ein **Maßnahmenkatalog** zur zielorientierten und termingerechten Erledigung und zur Überwachung der Ergebnisse. So wird ein rechtzeitiges Eingreifen bei Abweichungen ermöglicht.

Der Maßnahmenkatalog legt fest:
- Was wird gemacht? (Projekt/Einzelmaßnahme)
- Wozu wird es gemacht? (Ist/Soll-Stand)
- Wer oder wer mit wem erledigt das?
- Bis wann? (Termine/Zeitplanung)

Maßnahmenkatalog						
Projekt/ Ziel	Einzelmaß-nahmen	Verantwort./ Mitwirkung	IST	SOLL	Termin/ Zeitplan	erl.
Q-Zirkel einrichten	1) Infoveran-staltung	QB	JA zum QM	Informa-tion an alle MA	innerhalb 4 Wochen	
	2) Werbung von TN	Team/Leitung	wenig Interesse	motivier-te TN	6 Wochen	

Abb.: Der Maßnahmenkatalog

Ein ganz anderes aber in bestimmten Situationen durchaus hilfreiches Instrument ist das **Datensammelblatt** (die **Strichliste**): Hiermit können Sie systematisch Daten erfassen; die als Grundlage für weitere Auswertungen und Analysen genutzt werden.

Wenn Sie an zukünftige Projektplanungen denken, macht es durchaus Sinn, z.B. Anfragen, Anzahl von Vermittlungen oder die Häufigkeit der Nutzung der Angebote nachzuhalten.

Eine weitere Möglichkeit mit Strichlisten zu arbeiten ist, das Auftreten von Fehlern zu verdeutlichen. Sie verabreden zum Beispiel, dass bestimmte unerwünschte Vorkommnisse vermerkt werden. Eine solche Fehlersammelliste sollten Sie jedoch nur mit enger zeitlicher Begrenzung einsetzen, um ›Ermüdungserscheinungen‹ zu vermeiden.

Die Auswertung entscheidet ob die beobachtete Problemstellung weiterhin relevant bleibt.

Für uns nicht wegzudenken: das **Flussdiagramm**: Das Fluss- oder auch Ablaufdiagramm dient dazu, komplizierte Abläufe mit unterschiedlichen Zuständigkeiten und Abläufen so darzustellen, dass deren Struktur und Logik verdeutlicht werden. Aus einem Flussdiagramm erkennen die Beteiligten ihre Aufgaben.

Unter dem Punkt **7 QM-Ablauforganisation** werden wir Ihnen diese Methodik genauer vorstellen.

Es gibt noch eine Reihe weiterer Methoden, die im Prozess der Qualitätsentwicklung als Handwerkszeug bezeichnet werden. In einschlägiger Literatur finden Sie unter dem Stichwort »seven tools« u.a. Anleitungen zum Pareto-Diagramm – auch ABC-Analyse genannt und zum Histogramm; auch der sogenannte FMEA – Fehlermöglichkeitseinflussanalyse kommt als Planungsinstrument besondere Bedeutung zu.

Anmerkung: Obwohl viele dieser Instrumente vordergründig auf die Gegebenheiten in der Industrie abgestellt sind, lassen sie sich doch auf Frage- und Problemstellungen in der sozialen Arbeit übertragen.

4 Zielformulierungen

Die Zusammenarbeit in einer Organisation wird für den Einzelnen um so durchsichtiger – und damit nachvollziehbarer – und für die Organisation insgesamt reibungsloser, je mehr Übereinstimmung zwischen Zielen der Organisation und denen der einzelnen Mitarbeiter/innen besteht.

Unter dieser Voraussetzung können Ziele nicht einfach von oben nach unten auferlegt werden, sondern den Mitarbeiter/innen muss Gelegenheit gegeben werden, gemeinsam die Zielfindung und -definition zu erarbeiten. Je nach Entscheidung für eine bestimmte Grund- bzw. Wertehaltung sind auch die Entscheidungen für angemessene Wege zum Ziel bzw. für Mittel der Zielerreichung vorgegeben.

Der größtmögliche gemeinsame Nenner muss gefunden werden. Bei Gelingen ist eine hohe Mitarbeiterzufriedenheit und ein klientenorientierte Arbeitsweise die Folge.

4.1 Leitbilddiskussion und Leitziele

Leitbilder und die darin formulierten Zielsetzungen und Verhaltensmaximen bilden die Grundlage für das Handeln in Unternehmen sozialen Einrichtungen – anders gesagt: die im Leitbild geäußerten Werte und Vorstellungen müssen sich im Handlungsalltag widerspiegeln.

»Wer das Ziel nicht kennt, kann den Weg nicht gehen« – eine Weisheit, die im Rahmen des Qualitätsmanagements große Bedeutung erhält. Sie erinnern sich? Zielorientierung ist eine der beiden Säulen im Qualitätsmanagement.

Daraus folgt: diese Leitziele – besonders aber die Intentionen, die mit den Leitzielen verbunden werden – müssen gemeinsam definiert und über die Auswahl geeigneter Mittel und Methoden in der Handlungsebene umgesetzt werden.

Die Vorstellung von verschiedenen Zielebenen – auf denen die Zielformulierung im Rahmen des Aufbaus eines Qualitätsmanagementsystems stattfindet – verdeutlicht das.

Die Zielebenen

Leit- oder Grundsatzziele	Führungsebene Wertehaltung – Menschenbild Unternehmensphilosophie: Wer sind wir? Wo kommen wir her? Was wollen wir? Wo soll es hingehen?
Formuliert im	**Leitbild**
Rahmenziele	Strategische Ebene Aufgabenstellung und Aussage über das methodische Vorgehen: Was ist unsere Aufgabe und wie wollen wir sie umsetzen?
Formuliert in der	**Konzeption/Leistungsbeschreibung**
Handlungs- oder Ergebnisziele	Handlungsebene ›Betrieblicher Maßstab‹, ausgedrückt in Standards zu Schlüsselprozessen (Verfahrensanweisungen und Checklisten; Handlungsmaximen) Wie arbeiten wir ?
Formuliert in einem	**Qualitätshandbuch**

Die Ziele, die Sie auf den unterschiedlichen Ebenen benennen, müssen miteinander korrelieren: die Leitziele müssen sich in den Rahmen- und Handlungszielen widerspiegeln – Handlungs- und Rahmenziele müssen sich andersherum aus den Leitzielen herleiten.

Zurück zum Leitbild. **Was beinhaltet ein Leitbild? Wozu dient ein Leitbild?**

In ihrem Frageleitfaden »Der Weg zum Leitbild« geben die Autoren Michael Brater und Anna Maurus folgende einleitende Beschreibung ab:

»Im Leitbild macht ein Unternehmen oder eine Einrichtung sich seine eigene Identität, seine unverwechselbare Besonderheit, seine objektive Aufgabe, seine eigentlichen Ziele bewusst.«

Dies erfordert eine Leitbilddiskussion auf breiter Ebene. Als Mitarbeiter/in eines Unternehmens müssen Sie sich letztendlich am Leitbild orientieren. Das bedeutet zwar nicht zwingend eine absolute Identifizierung mit den aufgestellten Zielen, Minimalforderung wird aber sein, dass Sie sich in Ihrem Berufsalltag diesen Zielsetzungen unterordnen und entsprechend agieren. Regt sich da Widerspruch bei Ihnen? Kräuselt sich Ihre Stirn? – Folgen Sie diesem Gedankengang bitte einmal bis zum Ende.

Stellt eine Einrichtung in ihrem Leitbild zum Beispiel eine christliche Wertehaltung heraus, wird möglicherweise auf der Handlungsebene der sonntägliche Kirchgang mit dem Klientel – mindestens aber die Bereitschaft, Klienten zu begleiten – zu Ihren Aufgaben gehören.

Folglich müssen Sie als Mitarbeiter/in für sich die Frage beantworten, ob Sie in diesem Rahmen arbeiten wollen oder nicht. Wenn nicht, hieße das konsequenterweise ›Kündigung‹, oder aber die Stelle gar nicht erst antreten. Entscheidend ist, dass Sie wissen, was für Leitziele Sie an Ihrem Arbeitsplatz erwarten.

Praxistipp:
Leitbilder müssten demnach schon bei Einstellungsgesprächen vorgestellt werden.

Nur so können sich potentielle Mitarbeiter/innen über Werte und Handlungsmotive informieren und eine Entscheidung treffen, denn:

das Leitbild dient der
- Selbstklärung eines Unternehmens/einer Einrichtung
- Zukunftsbewältigung in einer sich ständig wandelnden Umwelt
- Orientierung des selbständigen Handelns
- Schärfung des Unternehmensprofils
- Klärung der Beziehungen zu den Kunden (Marketingfunktion)

(nach Brater/Maurus, 1996)

Entsprechend lassen sich die Bestandteile eines Leitbilds ableiten.
Es geht darum, gemeinsam Antworten auf folgende Fragen zu finden:

- Wo kommen wir her?
- Welche Voraussetzungen bzw. welche Grundlagen gibt es für unsere Arbeit?
- Was wollen wir?

- Was ist unsere Aufgabe?
- Was ist unsere spezielle Lösung?
- Welchen Weg gehen wir?
- Welche Ideen leiten uns? (wirtschaftliche, soziale, ökologische)
- Welche Methoden wählen wir?
- Was ist uns bei unserem Vorgehen besonders wichtig?
- Welches Menschenbild beschreiben wir?
- Welche Stellung haben unsere Mitarbeiter/innen?

Viele Einrichtungen im sozialen Bereich entwickeln derzeit ihre Leitbilder. Dabei sollte beachtet werden, dass nicht nur ›Schlagwortformulierungen‹ verwendet, sondern wirklich eine einrichtungsspezifische Sichtweise abgegeben wird. Hier helfen Erklärungen wie: *»Akzeptanz der gesamten Persönlichkeit bedeutet für uns, das Kind/den/die Jugendliche/n anzunehmen wie er/sie ist – mit seinen Erfahrungen, mit seinem Lebensumfeld, mit seinem Stärken und Schwächen.«*

4.2 Wie das Leitbild lebendig wird – Methoden

Das Leitbild gemeinsam zu erarbeiten, erweist sich als ein sinnvoller Weg, die Leitziele bei den Mitarbeiter/innen bewusst zu machen. Sind schon Leitbilder vorhanden, sollten diese über eine Leitbilddiskussion quasi auf den Prüfstand gestellt werden.

Beide Varianten bewirken, dass alle Mitarbeiter/innen angeregt werden, nicht nur über unternehmensspezifische Zielsetzungen zu reflektieren, sondern auch ihre eigene Motivation für die Arbeit zu hinterfragen. Gut geeignet sind sogenannte Klausurtage oder auch Teamfahrten, die unter dieser Themenstellung stattfinden.

Praxistipp:
Achten Sie darauf, wirklich auf der Grundsatzziel- bzw. Werteebene anzusetzen!

Unserer Erfahrung nach ist es gar nicht so einfach, tatsächlich ›Werte‹ als Richtlinien für die Arbeitshaltung zu formulieren. Sehr schnell landen Mitarbeiter/innen auf der Rahmenzielebene, indem sie Aufgabenstellungen – wie ›Verselbständigung‹, ›Integration‹ oder ›Rehabilitation‹ – oder Formen der Umsetzung – wie ›Verantwortung übertragen‹, ›Schutz und Hilfestellung bieten‹ oder ›Raum für Selbstbestimmung ermöglichen‹ – benennen. Offensichtlich fällt es schwer, Werte – wie ›Gleichberechtigung‹, ›Akzeptanz‹, ›Achtung‹ und auch ›Wertschätzung‹ – als Leitziele zu formulieren – vielleicht erscheint gerade das Mitarbeiter/innen in sozialen Einrichtungen als zu selbstverständlich.

Wir halten es aber für unerläßlich, denn ›Verselbständigung‹ oder ›Integration‹, ›Verantwortung übertragen‹ oder ›Hilfestellung bieten‹ kann unter vielerlei Gesichtspunkten geschehen. Welche sind für Sie die entscheidensten? – Die Antwort gibt Ihnen das Leitbild!

Das methodische Herangehen an die Leitbilddiskussion wie beispielsweise unter der Sichtweise »Wir bauen ein Haus« kann hier unterstützend wirken. Und so geht's: Sie kleben mit Kreppband die Umrisse eines Hauses z.B: auf den Fußboden. Sie versehen es mit verschiedenen ›Etagen‹. Jeder ›Etage‹ ist eine der drei Zielebenen zugeordnet, die über vorformulierte Fragestellungen reflektiert werden. Die Mitarbeiter/innen erhalten Kärtchen und Stifte und äußern sich entsprechend.

Beispielsfragen auf der Grundsatzzielebene:
- *Wie erleben Sie gegenwärtig unsere Einrichtung?*
- *Wie sehen sie unsere überfachlichen Ziele, was ist unser Leitbild*

Beispielsfragen auf der Rahmenzielebene:
- *Wie würden Sie Ihre Aufgabenstellungen beschreiben?*
- *Sehen sie andere Wege zur Umsetzung?*
- *Was kann aus Ihrer Sicht hierbei hilfreich sein?*

Beispielsfragen auf der Handlungszielebene:
- *Wie gestaltet sich die tägliche Arbeit?*
- *Was läuft gut, was kritisieren sie? (z.B. aufgeschlüsselt entsprechend verschiedener Arbeitsschwerpunkte wie individuelle Förderung, Elternarbeit, Schule/Beruf; Arbeitsklima etc.)*
- *Welche Veränderungen sind aus ihrer Sicht notwendig?*

Die Fragestellungen modifizieren Sie so, wie es für die Veranstaltung und ihre Themenstellung sinnvoll ist. Kritik können Sie z.B. auch auf einem ›Misthaufen‹ unterbringen!

Ein praktischer Hinweis: Schreiben Sie die Fragen vorher groß auf Packpapier, befestigen Sie das an Wänden So sind sie für jeden klar und eindeutig und können immer wieder angeschaut werden.

Nach der Einzel- oder Gruppenarbeit (Regel dabei: jede Idee wird aufgeschrieben, nichts soll unter den Tisch fallen) sortiert jeder seine eigenen Kärtchen in die entsprechende Etage ein, hier kann zusätzlich eine Untergliederung in Strukturen, Aktivitäten und auch Unternehmenskultur sprich Verhalten erfolgen.

Es schließt sich ein erster Meinungsaustausch an, danach gibt es Gelegenheit die Karten wieder umzusortieren und eine erneute Diskussion zu führen. Ergebnis ist, dass Sie auf den verschiedenen Zielebenen Aussagen entwickelt haben, die die Grundlagen für eine Leitbildformulierung, eine Konzeptionsanpassung und auch eine Handbucherstellung bilden können.

Grundsatzziele könnten z.B. mit Sätzen wie:

- *Wir sind eine Integrationseinrichtung; bei uns wird jeder nach seinen individuellen Bedürfnissen betreut etc. oder*
- *Wir nehmen die Kinder/Jugendlichen in ihrer gesamten Person an, mit all ihren Erfahrungen oder*
- *Jeder Mensch ist Zeit seines Lebens lern- und entwicklungsfähig etc.*

Rahmenziele könnten die Dienstleistung wie folgt näher definieren:

- *Selbstständigkeit im Wohnen, bei der Essensplanung; Ausbildung nach Neigung; Freizeitgestaltung nach Interessen; gemeinsame Gruppenaktivitäten wie Kurzreisen, Feste etc.*
  oder:
- *Außendarstellung verbessern; Arbeit publik machen; Ressourcen erkunden und ausschöpfen, Bedarf ermitteln, Kundenwünsche erfahren; deren Lebensumfeld in die Arbeit miteinbeziehen etc.*
  und auch:
- *Einbeziehen der Eltern; umfassende Kooperation mit Ämtern; fachlicher Austausch mit Lehrern und Ausbildern*

Maximen auf der **Handlungszielebene** können sein:

- *Zimmer selbstbestimmt einrichten lassen; Tagesablauf gemeinsam besprechen; Klientel befragen, regelmäßige Gespräche und Besprechungen führen; Freunde einladen; Eltern in den Tagesablauf einbinden; 1x monatlich eine Elternsprechstunde anbieten; vor jeder Helferkonferenz mündliche Rücksprache mit den Sachbearbeitern vom Jugendamt etc.*

Wenn alles am richtigen Platz liegt, verteilen Sie an alle Mitarbeiter/innen Klebepunkte. (Anzahl: 3 oder 5)

Jeder überlegt für sich, welche Themen ihm zur weiteren Bearbeitung besonders wichtig sind; auf diese klebt er/sie dann die Punkte. (Achtung: bei 3 Punkten pro Mitarbeiter/in maximal zwei auf ein Kärtchen, den anderen anderweitig vergeben, bei 5 Punkten pro Mitarbeiter maximal 3 auf ein Kärtchen und die anderen drei einzeln – wegen der Ausgewogenheit!).

So erhalten Sie einen Überblick darüber, welche Themen in ihrer Einrichtung derzeit Priorität haben. Es kann sich dabei ergeben, dass Themen eine sehr wichtige Rolle spielen, die vorher als nicht so bedeutend eingeschätzt wurden.

Zählen Sie die Punkte zusammen. Die Kärtchen mit den meisten Punkten werden zu einer sogenannten ›Hitliste‹ zusammengestellt.

Das sind die mit oberster Priorität zu bearbeitenden Themen. Es ist ratsam sich vorher auf eine bestimmte Anzahl von Themen zu einigen, um den Überblick zu behalten. Die anderen Themenbereiche halten Sie fest und sie werden zu einem späteren Zeitpunkt wieder aufgegriffen.

Wie Sie die Themen in der Folge bearbeiten wollen, müssen Sie selbst entscheiden. Hilfreich ist z.B. auch hier die Erstellung eines Aktionsplans. Sie legen Arbeitsaufträge fest, die auch konkret nachvollziehbar sind.

Die Mitarbeiter/innen erleben, dass sie in die Zielstellung und -umsetzung einbezogen sind. Sie können ihre Vorstellungen und Meinungen einbringen und haben so die Chance, sich in Entscheidungen wiederzufinden. Dies erhöht das Verständnis und damit die Akzeptanz und schafft so die Voraussetzung, dass Absprachen im Alltagsgeschäft auch eingehalten werden.

4.3 Vom Leitbild zu Kenngrößen

Zur Erinnerung: Zielformulierungen müssen auf allen Zielebenen miteinander korrelieren. Werteorientierte Aussagen im Leitbild müssen sich in den Zielsetzungen sowohl auf der Rahmenzielebene als auch auf der Handlungszielebene widerspiegeln. Anders gesagt: in der Entwicklung der Zielformulierungen leiten Sie demzufolge alle Aussagen von den Zielsetzungen auf der Grundsatzzielebene ab.

Dabei gilt:
- Ziele müssen klar definiert sein,
- Ziele müssen schriftlich fixiert sein,
- Ziele müssen transparent in Verbindung zu anderen Zielen sein,
- Ziele müssen realistisch erreichbar sein

und
- die Zielerreichung muss wahrnehmbar sein, d.h. sie muss messbar oder beschreibbar sein.

Letzteres tangiert unweigerlich die Zielformulierung auf der Handlungszielebene. Hier müssen die Aussagen so konkret gefasst werden, dass Sie dem o.g. Anspruch gerecht werden.

Damit rückt ein weiterer Aspekt ins Blickfeld: die **Kenngrößen**. ›Kenngrößen‹ – oder auch Indikatoren – benennen die Merkmale, anhand derer eine Überprüfung im Sinne der Zielformulierung möglich wird. Nur dann, wenn eine Bewertung vollzogen werden kann, kann die Forderung nach ständiger Verbesserung, als Kernforderung im Prozess der Qualitätsentwicklung, umgesetzt werden.

Für den Aufbau des Qualitätsmanagements und die damit verbundene Erarbeitung des QM-Handbuchs bedeutet das, dass Sie im Rahmen der Standardentwicklung derartige Kenngrößen herausstellen und damit die Bewertungsgrundlage transparent machen. Ein praktikabler Weg wäre, zu jeder Prozessbeschreibung die abgeleiteten Zielformulierungen und dazugehörenden Kenngrößen tabellarisch darzustellen. (Anmerkung: die folgende Tabelle nimmt die Zielsetzungen auf der Grundsatzzielebene (normative Ziele) nicht auf. Um diese ins Blickfeld zu rücken, können Sie sie vorweg kurz aufführen.

Grundsatzziele: z.B. *Verbindlichkeit, Glaubwürdigkeit, Vielfältigkeit*
⇨ also die Zielsetzungen im Leitbild ergänzt durch sogenannte Qualitätskriterien die von Kostenträgern benannt werden wie beispielsweise *Transparenz, Fachlichkeit, Beteiligung etc.*

Rahmenziele/ strategische Ziele	Handlungsziele/ operative Ziele	Kenngrößen
Verselbstständigung der Jugendlichen	Einbeziehen der Jugendlichen in Entscheidungsprozesse	›messbar‹ durch: Meinung/Vorstellung wird erfragt und festgehalten
systemisches Arbeiten	Bindungen an die Herkunftsfamilie berücksichtigen	›messbar‹ durch: Genogrammarbeit
qualifiziertes Personal	Fortbildungen anbieten/ Personal schulen	›messbar‹ durch: Nachweise der Fortbildungsträger
Stadtteilbezug/Kieznähe	WG-Wohnungen oder auch Schulen liegen im gewohnten Wohnumfeld bzw. ›Einzugsbereich‹	›messbar‹ durch: tatsächliche Auswahl
Krisenaufnahmen	sofortiges Reagieren auf Anfragen	›messbar‹ durch: Aufnahme erfolgt innerhalb eines Tage

Abb.: Beispiel: Ableiten von Kenngrößen

Es ist nicht immer leicht die ›logische‹ Ableitung der Zielformulierungen und der Kenngrößen zu entwickeln. Die Grenzen zwischen den einzelnen Zielebenen und auch den Kenngrößen erscheinen häufig fließend – Was ist Rahmenziel? Was ist noch Handlungsziel? Was ist schon Kenngröße?

Praxistipp:
Richtschnur für die Kenngrößen kann und sollte in diesem Zusammenhang immer die Fragestellung sein: Wodurch/Worüber kann belegt und eben nachgewiesen werden, dass ich die ›Absichtserklärung‹ auf der Rahmenzielebene und die konkreten Handlungsanweisungen auf der Handlungszielebene erreicht habe?

5 Kunden und Interessenspartner

Der **Kunde** – eigentlich ›Kundiger‹, ›Eingeweihter‹, ›Käufer von Waren oder Dienstleistungen‹ – ist entweder ›Letztverbraucher‹, ›Konsument‹ oder ›Weiterverwender‹ (Brockhaus-Enzyklopädie). Im QM ist diese Definition Grundlage für die Bestimmung des Begriffes ›Kunde‹. Es geht um diejenigen Kundengruppen, die die Leistung abnehmen, anders gesagt, für die die Leistung erbracht wird.

Für den sozialen Bereich bedeutet das:
Als Kund/innen werden verschiedene Gruppen oder auch Anspruchspartner betrachtet wie der/die Klient/in, etwaige Eltern und Angehörige, Kostenträger, Kooperationspartner und auch Kolleg/innen:

- Für den/die Klient/in erbringen Sie die soziale Dienstleistung – sie sind die Leistungsempfänger.
- Die Eltern sind zum Teil die Leistungsberechtigten KJHG; auch das BSHG schreibt Ihnen vor Eltern und Angehörige in die Betreuungsarbeit einzubinden.
- Die Kostenträger geben vielfach das Geld, sie erwarten dafür ein bestimmte Leistung in einem ganz bestimmten Rahmen und mit einer ganz bestimmten Zielsetzung.
- Kooperationspartner wirken mit Ihnen zusammen. Stellt man die Klient/innen und deren Bedürfnisse in den Mittelpunkt der Betrachtung müssen Sie Ihre Arbeit aufeinander abstimmen und sich gegenseitig unterstützen.
- Die Kolleg/innen bzw. Mitarbeiter/innen – auch sie sind aufeinander angewiesen; auch sie sind Anspruchspartner, die ganz mit Blick auf eine optimale Zusammenarbeit ganz bestimmte Erwartungen formulieren.

Für alle genannten Kundengruppen gilt: ›**Interaktion**‹ ist das Stichwort – immer besteht ein Form von Wechselwirkung, die Ihre Arbeit positiv oder negativ beeinflusst.

Unsere Erfahrung zeigt, dass gerade Mitarbeiter/innen in sozialen Einrichtungen nicht immer problemlos diesem Gedankengang folgen können, ihr Klientel als ›Kunde‹ zu sehen. ›Anspruchspartner‹ oder auch ›Interessenspartner‹ – manchen Mitarbeiter/innen liegen diese schon genannten Bezeichnungen näher. Der Klient als Kunde – darin steckt eine für sie neue Herangehensweise, die aber aufgrund des heutigen Verständnis von ›sozialer Leistung‹ als Dienstleistung nur konsequent ist.

Die Schwierigkeit, diesen Kundenbegriff zu akzeptieren, rührt unter Umständen daher, dass in der Sozialen Arbeit eine Dienstleistung eben nur selten auch von den Leistungsempfänger/innen bezahlt wird. Im Normalfall erfolgt dies über einen indirekten Weg, über Steuern, Versicherungsbeiträgen etc. Wie dem auch sei: Wir empfehlen, die Diskussion um den Kundenbegriff unbedingt zu führen; sie trägt letztendlich zur Haltungsbildung bei, denn Kundenorientierung kann nur erfolgen, wenn für alle Mitarbeiter/innen geklärt ist, wen sie als Kunden zu betrachten haben und welche Kundenerwartungen für die inhaltliche Arbeit relevant sind.

Das erfordert im nächsten Schritt, sich die verschiedenen Kundenerwartungen zu verdeutlichen.

Mit gezielten Fragestellungen sollten Sie die Diskussion um den Kundenbegriff und die Kundenorientierung vertiefen.

- Was erwarten die einzelnen Kundengruppen von der Einrichtung und den Mitarbeiter/innen?
- Welche Erwartungen wollen und müssen Sie aufgrund Ihres Arbeitsauftrags erfüllen?
- Werden Sie diesen berechtigten Erwartungen gerecht? Wenn nicht:
- Was hindert Sie diese Erwartungen zu erfüllen?

Eine Anmerkung: Sie werden unwillkürlich auch auf eine Reihe von Erwartungen stoßen, die Sie als ungerechtfertigt bezeichnen. Wenn sie Ihrem Arbeitsauftrag nicht entsprechen, dann müssen Sie sie auch nicht in Ihre Zielbestimmung miteinbeziehen. Denken Sie jetzt, da klafft Anspruch und Wirklichkeit auseinander?

Das mag sein, aber aus dem Nichteinbeziehen folgt nicht ›Nicht zur Kenntnis nehmen‹, sondern ganz klar die Notwendigkeit, auf die entsprechenden Kund/innen zuzugehen und Ihre Haltung und Sichtweise zu erläutern.

Praxistipp:
Erklären Sie auf fachlich sachlicher Ebene, warum die Erwartungen möglicherweise überzogen sind.

Eltern/Angehörigen, die von Ihnen zum Beispiel erwarten, dass Sie eine bestimmte Umgangsweise mit Ihrem Kind übernehmen, müssen Sie vermitteln, dass gerade dies der weiteren Entwicklung unter Umständen abträglich ist. Kindern und Jugendlichen ebenso wie behinderten Bewohner/Innen, die von Ihnen erwarten, in Ruhe gelassen zu werden, gilt es verständlich zu machen, dass Beziehungsaufbau auch Ansprache und Auseinandersetzung beinhaltet.

Sie haben durch diese Reflexion erfahren können, wie vielschichtig die an Sie und Ihre Arbeit gestellten Erwartungen sind – aber Sie haben sich auch bewusst gemacht, wie berechtigt manche Erwartungen sein können. Erinnern Sie sich: **»Der Kunde macht uns keine Arbeit, er ist unsere Arbeit.«**

Folglich ist es für die Zusammenarbeit untereinander besonders wichtig, in diese Betrachtungen auch die Mitarbeiter/innen einzubeziehen und sie als Kund/innen zu definieren. Denn wenn Erwartungen nicht klar formuliert und abgeklärt sind, erweist sich eine fachlich qualitative Zusammenarbeit als schwierig. Die Gefahr der Frustrationen und Verletzungen ist groß und damit auch die Gefahr von einem Klima der Unzufriedenheit.

Was heißt das nun ganz konkret für Sie als Mitarbeiter/innen? Die formulierten Erwartungen an Ihre Arbeitshaltung und Ihre Kompetenz beschreiben einen Anspruch, an dem Sie sich selbstkritisch messen müssen und an dem Sie sich im Kollegenkreis messen lassen müssen. Eigenverantwortung wird in diesem Kontext zu einem wichtigen Stichwort.

Ein QM, das nur oberflächlich und nach außen gerichtet gewisse Anforderungen erfüllt, ist nicht die Art von QM, das die Unternehmenskultur stärkt. Erst in dem Moment, wo die Prozessregelungen von allen Mitarbeite/innen als verpflichtend verstanden werden, wird die Grundlage für umfassende Qualität in der inhaltlichen Arbeit geschaffen. Überlegen Sie einmal, wie häufig gemeinsam getroffene Verabredungen im nachhinein kritisiert, in Frage gestellt und auch schlichtweg umgangen werden.

Umfassende Qualität erfordert aber eben Mitarbeiter/innen, die sich dem Anspruch auf Professionalität in der Arbeit öffnen und die in ihrem eigenen Interesse und im Interesse des Unternehmens an einer Verfestigung professionellen Verhaltens und Arbeitens interessiert sind. Dazu zählt die Bereitschaft, sich aktiv in den Prozess der Qualitätsentwicklung einzubringen, indem Sie Ihre Kompetenzen und Erfahrungen zur Verfügung zu stellen und letztendlich die Überzeugung, dass fachliche Weiterqualifizierung nicht nur der persönlichen Entwicklung dienlich ist, sondern im Sinne der lernenden Organisation auch der gesamten Einrichtung zugute kommt.

5.1 Erfassen von Kundenanforderungen

›Kundenzufriedenheit‹ wird vom Kostenträger als Qualitätsmerkmal benannt, dahinter steht die Maßgabe der Kundenorientierung. Das ist verbunden mit: Einholen und Bewerten von Kundenerwartungen und -meinungen.

Betrachten Sie die Schlüsselprozesse in der sozialen Arbeit (Aufnahme/ Entlassung, Hilfeplanung, Umgang mit Angehörigen, Umgang mit Kooperationspartnern, Beschwerdemanagement etc.), so wird deutlich, dass Sie in vielfältigen Situationen die Kundenerwartungen selbst erfragen bzw. mit ihnen konfrontiert werden. *Erstgespräche, Aufnahmegespräche, Hilfeplangespräche, fachlicher Austausch, informeller Austausch etc.* – dies alles sind ›Momente‹, in denen Sie die Sichtweisen, Einschätzungen und damit auch Erwartungen der Kunden hören.

Hier gilt es Regelungen zu schaffen, mit denen Sie absichern, dass die darin enthaltenen Kundenwünsche aufgenommen, reflektiert und im Sinne der kontinuierlichen Verbesserung in den Arbeitsprozess integriert werden. Derartige Regelungen können beispielsweise in Checklisten oder Frageleitfäden zum Ausdruck kommen, die sie gezielt an bestimmten Prozessschritten (bezogen auf die einzelnen Schlüsselprozesse) einsetzen. Hier ist es wichtig, sich bei der Standardentwicklung (vgl. QM – Ablauforganisation) diese sogenannten Schnittstellen zum Kunden bewusst zu machen, und Eckpunkte in Bezug auf die Ermittlung der Kundenerwartungen festzulegen.

Besondere Kundenerwartungen sind die Anforderungen von Seiten der Kostenträger. Gesetzestexte, dazugehörige länderspezifische Rahmenvereinbarungen und auch Ausführungsvorschriften geben Ihnen vor, was Sie in Bezug auf die inhaltliche Arbeit – aber auch in Bezug auf die Qualitätsentwicklung – zu leisten und zu gewährleisten haben. Es ist unerlässlich, dass Ihnen aktuelle Vorgaben wirklich präsent sind.

5.2 Kundenbefragung – ein Instrument der Qualitätssicherung

Die Kundenbefragung ist eine weitere Methode, die regelmäßig und systematisch eingesetzt werden kann, um Kundenerwartungen zu ermitteln.

So vielfältig wie die Kundengruppen sind, so vielfältig können auch die Beweggründe für die Kundenbefragung sein.

Immer müssen Sie klären:
- Was ist uns zum derzeitigen Zeitpunkt wichtig?
- Wen wollen wir befragen?
- mit welchem Ziel erfolgt die Befragung?
- Wie stellen wir eine allgemeingültige Aussagekraft her?
- Was erwarten wir von den Ergebnissen und was können wir möglicher Weise an Erkenntnissen daraus ziehen?

Die Liste ließe sich noch fortsetzen. Sie sehen: ›Kundenbefragungen‹ sind ein sehr komplexes Unterfangen und benötigen intensivste Vorbereitung, Begleitung und Auswertung. Uns geht es hier primär darum, Ihnen einige grundlegende Informationen zur Vorgehensweise vorzustellen. Unsere Ausgangsfrage ist: Wie erfahre ich etwas über die Zufriedenheit meiner Kunden? Möglichkeiten sind die Befragung mittels eines Fragebogens, die ›teilnehmende Beobachtung‹ oder auch Interviews.

Wie schon angesprochen, steht zunächst die Frage nach dem Ziel im Vordergrund:
- »Was soll erfragt werden und vor allem wer soll befragt werden?«

Beispielsweise ist das Befragen von Jugendlichen im Betreuten Wohnen meist recht schwierig, da doch die subjektive Wahrnehmung der momentanen Situation – wie zum Beispiel ›Stress mit dem Betreuer‹, ›unerlässliche Pflichten‹ – stark beeinflussen und eher Unzufriedenheit dokumentieren. Interessanter ist da vielleicht die Befragung ›Ehemaliger‹, mit dem Ziel, wie hat Ihr spezielles Angebot geholfen oder sich ausgewirkt.

Etwas anderes ist natürlich das Einbeziehen der Jugendlichen in die Hilfeplanung und wie ist da die Zufriedenheit mit dem Umgang von Zielsetzungen. Die Vorüberlegung muss dahin gehen, dass das Ziel der Befragung deutlich wird, denn daraus entwickelt man im nächsten Schritt die Indikatoren, die wiederum den Frageinhalt bestimmen.

Wir bleiben bei unserem Beispiel in Bezug auf ›Beteiligung‹ als Qualitätskriterium.

Das Ziel lautet:
Beteiligung der Kinder und Jugendlichen an der Hilfeplanung.
Der Indikator dafür:
Es finden regelmäßig Gespräche mit den Kindern und Jugendlichen statt.

Der Frageinhalt könnte somit lauten:

- Werden Dir regelmäßig die Ziele der Hilfeplanung erläutert?
- Wirst Du in die Zielformulierung einbezogen?
- Wurdest Du in die Umsetzung der Ziele einbezogen?

Damit wird deutlich, dass die Antwort immer vom Bezugsrahmen und dem Informationsstand des Befragten abhängt. Im Wesentlichen richtet sich das Augenmerk bei der Erarbeitung von Fragebögen auf drei Probleme:
Warum wird die Frage gestellt? (klare Zielformulierung im Vorfeld!)
Wie ist die Frage zu formulieren?
Welche Antwortvorgabe ist angemessen?

Wollen Sie die Befragung in Form eines Interviews durchführen, sollten Sie bedenken, welche Wirkung Ihre eigene Person haben könnte. Interviewen Sie bitte nicht Ihre eigene Gruppe oder Ihre Klienten, sondern bitten Sie einen Kollegen/in dies zu tun. Sie schaffen damit Distanz; das ermöglicht Ihnen eine größere Aussagekraft in den Ergebnissen.

Praxistipp:

- Fragestellungen sollten möglichst in kurze Sätze verpackt werden.
- Einfache und verständliche Formulierungen.
- Keine komplexen Sachverhalte zum Inhalt nehmen.
- Eindeutige Fragestellungen.
- Es muss gewährleistet sein, dass alle Befragten und Interviewer das gleiche unter der jeweiligen Frage verstehen.
- Neutrale Formulierungen verwenden, keine Suggestivfragen.
- Die Befragten nicht überfordern.

In Bezug auf die Frageformen unterscheidet man folgendermaßen:
›Offene Fragen‹ – diese lassen die Kategorien, in denen die Befragten antworten können, offen. Ihnen wird quasi die Antwortformulierung überlassen, Sie – als Befrager/in – setzen damit aber Artikulationsfähigkeit, Information und Motivation voraus.
Beispiel:
»Wie schmeckt Ihnen das Essen?« – Sie können frei und so ausführlich antworten, wie Sie wollen.
Achtung! Im ersten Moment mag es verlockend sein in einer Kundenbefragung ›offene Fragen‹ zu stellen – so könnte eine vielfältige Einschätzung

von Seiten der Befragten erreicht werden. Aber: Sie müssen die Antworten auch auswerten. Das bedeutet spätestens zu diesem Zeitpunkt müssen Sie sich Antwortkategorien schaffen, um die ›Vielfalt‹ einordnen zu können. Das ist sehr aufwendig.

›Geschlossene Fragen‹ – hier wird der inhaltsanalytische Teil der Auswertung vorweggenommen. Sie benennen die Antworten in der Fragestellung und der/die Befragte ordnet seine Beurteilung in ein vorgegebenes Einschätzungsspektrum ein wie z.B.:

Das Essen ist abwechslungsreich und ausgewogen.

❒ *trifft voll zu* ❒ *trifft zu*
❒ *trifft eher nicht zu* ❒ *trifft überhaupt nicht zu*

Eine spezielle Form sind die **›Alternativfragen‹** mit ›ja‹ oder ›nein‹ als Antwort.

Schmeckt Ihnen das Essen?

❒ *ja* ❒ *nein*

›Halboffene bzw. halbgeschlossene Fragen‹ – in ihnen werden die aus Sicht des Fragestellenden wichtigsten Kategorien vorgegeben. Zusätzlich eröffnen Sie über eine Kategorie ›Sonstiges‹ dem Befragten die Möglichkeit, ihm wichtige Ergänzungen anzubringen.

Bei der Zubereitung des Essens ist mir besonders wichtig:

❒ *dass frische Zutaten verwendet werden*
❒ *dass die Mahlzeit ausgewogen ist*
❒ *dass das Essen abwechslungsreich ist*
❒ *Sonstiges, und zwar: ...* dass es von der Menge her ausreichend ist und dass es heiß auf den Tisch kommt!

Zudem unterscheidet man in **›direkte‹** oder **›indirekte Fragen‹**. Mit direkten Fragen fordern Sie eine persönliche Stellungnahme ein.

»Das Essen ist häufig zu kalt.« Was sagen Sie dazu?

Indirekte Fragen fordern vom Befragten eine Antwort in Form einer Beurteilung bzw. Einschätzung bestimmter Sachverhalte und/oder Reaktionsweisen ein.

> *Es gibt viele Bewohner die behaupten, das Essen ist wenig abwechslungsreich.*
> ❒ *ich stimme zu* ❒ *ich stimme nicht zu*

Noch einige Hinweise:

- Je nach dem, welches Klientel Sie befragen wollen, sollten Sie überlegen, ob Sie Visualisierungsmöglichkeiten wie zum Beispiel Piktogramme – das sind bildhafte Erklärungen – in die Befragung einbauen. Das erleichtert den Befragten u.U. die Beantwortung, da ihnen Inhalte dadurch leichter verständlich werden. Ein Beispiel:

gut ***eher gut*** ***eher schlecht*** ***schlecht***

- Über allgemein gehaltene Fragen leiten Sie die Befragung ein. Es kann auch ratsam sein, die Antwortmuster – besonders, wenn es sich um geschlossene Frageformen handelt, an Beispielen vorzustellen. Das hilft den Befragten bei der Beantwortung der später folgenden themenbezogenen Punkte.
- Es empfiehlt sich, Fragenkomplexe zusammenzufassen; Sie fördern damit die Konzentration bei der Beantwortung. Zwischen den einzelnen Fragekomplexen formulieren Sie kurze Überleitungen.
- Aussagekraft erreichen Sie dadurch, dass Sie Kontrollfragen einplanen, die Ihnen ermöglichen, die Verlässlichkeit der gegebenen Antworten zu überprüfen. Das kann an anderer Stelle in einem anderen Sinnzusammenhang geschehen und bleibt dann für die Befragten eher unbemerkt.
- Vermeiden Sie sogenannte Ausstrahlungseffekte. Trennen Sie Fragestellungen, die im Interview oder Fragebogen unerwünschten Einfluss aufeinander nehmen können durch die Unterteilung in verschiedene Themenbereiche voneinander ab.
- Wenn Sie eine Bewertungsskala eröffnen, bieten Sie eine gerade Anzahl von Bewertungsmöglichkeiten an. Bei ungerader Anzahl wählen die Befragten häufig die ›goldenen Mitte‹ – eine gerade Anzahl lässt dagegen den Rückzug auf Tendenzen – positiv oder auch negativ – zu.

- Und auch noch dieser Hinweis: Bei einer Form der schriftlichen Befragung verfassen Sie ein kurzes Anschreiben, in dem Sie zum einen die Zielsetzung der Befragung vermitteln, zum anderen aber auch eine Rückmeldung über die Ergebnisse ankündigen – unserer Erfahrung nach motiviert das, die Fragebögen zu bearbeiten. Apropos ›bearbeiten‹: Die Beantwortung sollte nicht mehr als ca. 10 Minuten in Anspruch nehmen – testen Sie es vorher aus – und auch hier empfiehlt sich, den Teilnehmer/innen an der Umfrage diese Zeitgröße im Vorfeld bekannt zu geben.

6 QM-Aufbauorganisation

Die Organisation – *Stammwort ist das französische Wort – ›orgen‹ – zu deutsch ›Organ‹ = Werkzeug* – ist der ursprünglichen Bedeutung nach ein ›Werkzeug zur Erreichung von Zielen‹ – einer Einrichtung, eines Trägers oder Verbandes – und soll sich am jeweiligen Gesamtziel orientieren und dessen Realisierung ermöglichen. Unterschieden wird dabei in Aufbau- und Ablauforganisation, zwei getrennte Aspekte, die jedoch nur zusammenhängend funktionieren (Graf-Götz/Glatz 1998).

Die **Aufbauorganisation** beschäftigt sich mit den Strukturen und Ressourcen einer Einrichtung. Entscheidender Gesichtspunkt ist, die zu erfüllenden Aufgaben quasi als Teilaufgaben auf verschiedene Aufgabenträger beziehungsweise Funktionsbereiche zu verteilen. Damit werden Verantwortungen und Kompetenzen geklärt und Grundlagen geschaffen, die ein Erreichen der gesteckten Ziele erst möglich machen.

Neben der Verteilung von Aufgaben und der Zuordnung von Entscheidungsbefugnissen gehört auch ganz wesentlich die Absprache über den Informationsfluss in der Einrichtung dazu. Denn in ›nicht eindeutigen Absprachen‹, ›fehlender Dokumentation‹, ›unklaren Informationswegen‹ und der falschen Einschätzung von ›wichtig‹ und ›unwichtig‹ liegen häufig die wichtigsten Ursachen für einen schlecht funktionierenden Informationsfluss.

Gerade soziale Unternehmen sind auf hervorragende Kommunikation angewiesen. Transparenz und damit der funktionierende Informationsfluss tragen wesentlich dazu bei, die Grundsätze und Ziele zum Nutzen der Klienten umzusetzen. Diese strukturelle Klärung zu leisten, ist eine Aufgabe im QM.

6.1 Strukturübersicht Organigramm

Erster Schritt im Bereich der Strukturierung ist der Blick auf die hierarchische Struktur der Einrichtung – eine Übersicht darüber liefert ein Organigramm; es bildet auch den Rahmen für die einzelnen Stellenbeschreibungen.

Das Organigramm ist die Darstellung der Aufgaben- und Kompetenzverteilung einer Einrichtung. Weisungsbefugnisse werden durch die Anordnung der jeweiligen Funktionen bildlich dargestellt.

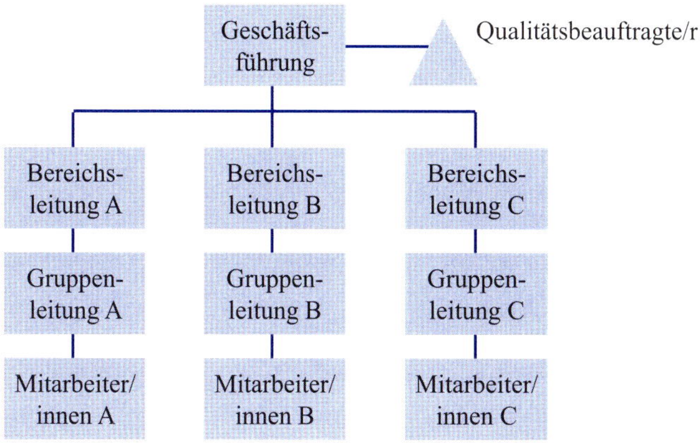

Abb.: Beispiel für ein Organigramm

Im gezeigten Beispiel sind die Hierarchien durch die Linien eindeutig geklärt. Der/Die Qualitätsbeauftragte nimmt eine Stabsstelle ein – dargestellt über das △ – eine Stabsstelle ist der Geschäftsführung zugeordnet und darüber hinaus nicht weiter in die Hierarchie eingebunden.
Spätestens beim Aufbau eines QM-Systems muss reflektiert werden, nach welcher hierarchischen Struktur die Einrichtung aufgebaut ist. Organigramme liegen häufig vor, sind aber allenfalls den Leitungskräften bekannt.

Praxistipp:
Bringen Sie die Organigramme in den Qualitätszirkel ein und erfragen Sie auch, ob den Mitarbeiter/innen bewusst ist, auf welcher Hierarchiestufe sie angesiedelt sind.

Interessanterweise wähnen sie sich nicht selten auf einer höheren Stufe als sie es eigentlich tatsächlich sind!!!

Hier liegt also durchaus ein Konfliktpotential, denn eine derartige Reflektion der hierarchischen Strukturen kann zu schmerzlichen Erkenntnissen führen. Andererseits birgt sie auch die Chance, strukturelle Gegebenheiten zu klären und verbindliche Regelungen zu schaffen.

6.2 Verteilung von Aufgaben und Verantwortungen

Aufgaben und Verantwortungen zu verteilen, ist eine Schwerpunktaufgabe im Qualitätsmanagement. Dokumentiert wird dies mittels sogenannter Stellenbeschreibungen.

Zunächst einige Gedanken zum Stellenwert der Stellenbeschreibungen innerhalb eines QM's:

- Sie orientieren sich am Organigramm und
- Sie geben den Mitarbeiter/innen Auskunft darüber, was von ihnen bzgl. ihres Aufgabengebietes erwartet wird.
- Sie sind verbindlich und werden damit zur Vertragsgrundlage zwischen Arbeitgeber und Arbeitnehmer. Da dies so ist, müssen Mitarbeitervertretung oder Betriebsrat in die Verabschiedung der Stellenbeschreibungen eingebunden werden.

Unseres Erachtens macht im Rahmen eines Qualitätsmanagements nur eine **funktionsbezogene** Stellenbeschreibung Sinn. Im Gegensatz dazu könnten auch personenbezogene Beschreibungen angefertigt werden, die dann aber auch bei jedem potentiellen Mitarbeiterwechsel neu angefertigt werden müssten.

Da aber über das Qualitätsmanagement ein ›betrieblicher Maßstab‹ entwickelt werden soll – verteilen Sie quasi über die funktionsbezogenen Beschreibungen die Gesamtheit der anfallenden Aufgaben. Sie regeln in Ihrer Einrichtung den Einsatz der personellen Ressourcen und Kompetenzen im Hinblick auf die Unternehmensziele. Damit werden Stellenbeschreibungen auch zur Grundlage für jede notwendige Personalentwicklung, weil sie Funktionsbereiche trennen, die Verantwortung und Verbindlichkeit in der Zusammenarbeit beschreiben und Leistungsnormen bestimmen. Somit sind Funktionsbeschreibungen auch immer Spiegelbild der Unternehmenskultur. Für die Mitarbeiter/innen stellen sie die Grundlage der beruflichen Identität dar, geben Orientierung über den Arbeitsauftrag und schaffen Sicherheit und Verlässlichkeit in der Zusammenarbeit mit anderen Kolleg/innen. Sie machen die Arbeit transparent und kontrollierbar, schützen aber auch vor Überforderung und führen zur Objektivierung von Selbst- und Fremdwahrnehmung.

Praxistipp:
Beteiligen Sie die Mitarbeiter/innen an der Erarbeitung von Stellenbeschreibungen. Vor allem wenn sie nachträglich im Zuge von QM-Maßnahmen erstellt werden!

Das bewirkt, dass sich die Mitarbeiter/innen einmal konzentriert mit ihren Aufgabenstellungen auseinandersetzten und sich in einer gemeinsamen Diskussion darüber verständigen können. Nicht selten offenbaren sich dabei verschiedene Auffassungen über die Anforderungen, denen sich die Mitarbeiter/innen gegenübergestellt sehen.
Gliederungspunkte für eine Stellenbeschreibung im Sinne des Qualitätsmanagements sind:

- Bezeichnung der Stelle
- Anforderungen/Voraussetzungen
- Position in der Einrichtung (siehe Organigramm)
- Ziele der Stelle
- Vorgesetzte Stelle
- Vertretung durch/Vertretung von
- Aufgaben unterschieden in:
  - Fachaufgaben
  - Verwaltungsaufgaben/Organisatorisches
  - Dokumentationsaufgaben
- Entscheidungskompetenzen
- Informationsaufgaben
- Besonderheiten
- Ausstattung des Arbeitsplatzes

Wenn Sie mit den Mitarbeiter/innen die Stellenbeschreibungen gemeinsam erarbeiten, lohnt es sich, im Vorfeld einen Fragebogen anzufertigen, der von allen Beteiligten beantwortet wird. Dazu reicht es, die oben genannten Gliederungspunkte der Stellenbeschreibungen in eine Frageform zu bringen, zum Beispiel: »Wer ist Ihnen direkt übergeordnet, wer ist Ihnen nachgeordnet? Wo können Sie allein Entscheidungen treffen, wo muss das Team/Leitung einbezogen werden?«

In einem nächsten Schritt fordern Sie dann die Mitarbeiter/innen auf, alle im Arbeitsprozess anfallenden Tätigkeiten in einem Zeitraster (täglich, monatlich, halbjährlich etc.) zu erfassen.

Interessant wird – wie schon angedeutet – der Vergleich von ausgefüllten Fragebögen verschiedener Mitarbeiter/innen eines Funktionsbereiches! Sind die Angaben identisch? Werden die gleichen Aufgabenstellungen angeführt oder gibt es gravierende Unterschiede aus Sicht der einzelnen Mitarbeiter/innen?
Die Auswertung dieser Fragebögen zur Stellenbeschreibung kann Sie wieder

in die Diskussion zur Einstellung und Haltung – sowohl der Aufgabe als auch dem Klientel gegenüber – führen.

›Sich verantwortlich zu fühlen‹, heißt nicht ›verantwortlich zu sein‹! – So oder so ähnlich könnte ein Fazit daraus lauten. Sie werden erkennen, wie unterschiedlich Mitarbeiter/innen auf ein und derselben Funktion ihren Aufgabenbereich wahrnehmen und ausfüllen.

Als Qualitätsbeauftragte/r müssen Sie dann alle in Ihrer Einrichtung anfallenden Aufgaben festhalten und auf die einzelnen Funktionsbereiche verteilen. Sie setzen einen »Anfang« und ein »Ende« in Bezug auf die Tätigkeiten und Verantwortlichkeiten. Sie ziehen quasi Grenzen und erleichtern Ihren Mitarbeiter/innen sich mit den eigentlichen Aufgaben auf ihrer Stelle zu identifizieren.

An dieser Stelle können Sie es wohl kaum umgehen, sich mit den »Wiesos« und »Warums« auseinander zusetzen, aber hierin liegt eine sinnvolle Diskussion. Wenn jedem/r einzelnen klar ist, was er/sie leisten muss und was nicht, kann er/sie sich auf die ihm zugedachten Aufgaben auch besser konzentrieren. Als ein Hindernis erweist sich häufig, dass es für viele Mitarbeiter/innen nicht einleuchtend erscheint, die Stellenbeschreibungen über das QM-Handbuch allen Kolleg/innen zugänglich zu machen. »Für mich selbst halte ich eine Stellenbeschreibung für eine sinnvolle Sache« so ist zu hören, »aber warum müssen meine Kolleg/innen wissen, was darin aufgeführt ist!?« – Sie müssen und sie sollen! – können wir an dieser Stelle nur antworten; darin liegt der Sinn der Sache! Ziel ist es doch, Transparenz zu schaffen, nicht nur nach außen, sondern auch nach innen!

Praxistipp:
So konkret die Stellenbeschreibungen auch sein müssen, so wenig dürfen sie jedoch einengen oder starre Strukturen schaffen.

Aus diesem Grunde müssen sie regelmäßig fortgeschrieben, das heißt letztendlich den sich verändernden Aufgabenstellung angepasst werden.

Eine letzte Funktion von Stellenbeschreibungen wollen wir nicht unerwähnt lassen. Aus den Funktionsbeschreibungen lassen sich Anforderungsprofile entwickeln, die zur Grundlage für eine adäquate Personalauswahl werden.

6.3 Dokumentenmatrix

›Übersicht schaffen‹ ist auch hier das Motto. Wir haben es schon angesprochen: es kann die Abläufe empfindlich stören oder gar zum Stillstand bringen, wenn keine präzisen Vereinbarungen über die Art und Weise der Dokumentation und die Ablage der Dokumente getroffen wurden.

An dieser Stelle möchten wir mit der ›Dokumentenmatrix‹ ein Instrument vorstellen, das in diesem Bereich zur strukturellen Klärung beiträgt.

Es geht darum, alle für den Prozess der Leistungserbringung relevanten Dokumente – das sind die, die zur Stützung und Sicherung der inhaltlichen Arbeit eingesetzt werden – zu sichten, zu überlegen wozu sie dienen und in einer Auflistung zusammenzustellen.

Ordnungskriterien können wie folgt aussehen:

Dokumentenmatrix					
Dokument	**internes odeexternes D.**	**Ablage**	**Zeichnungsberechtigung**	**Aufbewahrungsdauer**	**wer vernichtet und wie?**
Dienstbuch	intern	Gruppe	alle Mitarbeiter/innen	6 Jahre	Leitung/ Schredder
Bewohnerakte	intern	Gruppe		30 Jahre	Leitung/ Schredder
Betreuungsvertrag	intern	Buchhaltung	Leitung		Leitung/ Schredder
Konzeption	intern	Leitung / Gruppen	Vorstand und Leitung	bis Änderung	
Hilfepläne	extern				
Berichte					
Protokolle					
Qm-Handbuch					
etc.					

Abb.: Dokumentenmatrix

Noch einige Erläuterungen:

Unter **Dokument** wird das Dokument an sich aufgeführt. Im Qualitätsmanagement wird als Dokument ›alles Schriftliche‹ beziehungsweise auch jede Datei im PC verstanden.

Sinnvoll ist auch die Klärung, ob es sich um ein **internes** – von der Einrichtung selbst entwickeltes Dokument – oder ein **externes** – von außen vorgegebenes Dokument – handelt.

Die Überlegungen zur **Ablage** dienen Ihnen entscheidend zur Prozesssicherung – und die Erfahrung zeigt, dass in sozialen Einrichtungen hier durchaus Klärungsbedarf besteht.

Es erweist sich auch als sinnvoll, Angaben darüber zu machen, in welchen Bereichen Sie beispielsweise die Originale (O) aufbewahren, und welche Bereiche Kopien (K) erhalten. Das bedeutet, Sie schaffen sich Kürzel für die einzelnen Funktionsbereiche (Leitung – L, Gruppe – Gr, Verwaltung –V, Bezugsbetreuer – BezB etc.) und vermerken dies entsprechend in der Dokumentenmatrix.

In einigen Einrichtungen empfiehlt sich auch, den **Weg** der Dokumente festzuhalten. Gerade wenn die einzelnen Funktionsbereiche nicht in einem Haus untergebracht sind und damit Bearbeitungswege von vornherein gegeben sind.

Die Frage nach der **Unterschrifts-/ bzw. Zeichnungsberechtigung** zu beantworten, dient der Orientierung und Absicherung der Mitarbeiter/innen im Arbeitsprozess. Häufig ist den Mitarbeiter/innen diese Formalie, die aber in bestimmten Situationen durchaus von entscheidender Bedeutung sein kann, nicht bekannt. Zwar ist das Erstellen einer solchen Dokumentensammlung in der Regel mit einem größeren Zeitaufwand verbunden; es bietet sich Ihnen dabei aber eine ausgezeichnete Möglichkeit zu reflektieren, was Sie eigentlich wirklich in Ihrem Prozeß brauchen und was sich eher als überflüssig erweist. Das unterstreicht das Ansinnen, das Dokumentation im Rahmen eines Qualitätsmanagements immer angemessen und nicht zum Selbstzweck betrieben werden soll.

Die Dokumentenmatrix fordert somit auch auf, sich zu vergegenwärtigen, welche Vorgaben für die **Aufbewahrung** der verschiedenen Schriftstücke (Dateien) bestehen. In diesem Zusammenhang müssen Sie folglich auch entscheiden, **wer** Dokumente **vernichten** darf und **wie**. Dies erhält nicht zuletzt unter dem Gesichtspunkt Datenschutz eine besondere Bedeutung.

Zum Schluss eine Antwort auf eine häufig gestellte Frage: Wie konsequent muss diese Dokumentensammlung erstellt werden? Gehört jeder Zettel hier hinein? Die Antwort heißt ›ja und nein‹. Jedes Dokument, das für den Prozess der inhaltlichen Arbeit und damit für die Prozesslenkung von Bedeutung ist, soll in der Dokumentenmatrix verzeichnet sein. Es gibt aberdurchaus Möglichkeiten diverse Dokumente zusammenzufassen.

Die *Bewohner-Akte* kann zum Beispiel als ein Gesamtdokument auftauchen. Die Unterteilung der Bewohner-Akte nehmen Sie dann mittels einer Aktengliederung vor, die in den einzelnen Akten selbst Auskunft darüber gibt, was wo zuzuordnen ist.

Ähnlich kann man Protokolle in *Protokoll-Ordnern* sammeln; auch hier erscheint dann eine Aufzählung über die Art der abgelegten Protokolle im Protokoll-Ordner selbst.

Mit *Formularen* können Sie entsprechend verfahren. Diese Vorgehensweise reduziert die Dokumentenmatrix in der Regel auf ein übersichtliches Maß. Es empfiehlt sich erst einmal eine ›bereichsbezogene‹ Zusammenstellung zu erarbeiten – die Verwaltung sichtet ihre Dokumente, die Gruppen ordnen ihren Bereich etc. Im Anschluss daran führen Sie die Ergebnisse zusammen.

6.4 Konferenzstruktur

Um einen Überblick über den Informationsfluss in der Einrichtung zu bekommen, gibt es die Möglichkeit, in Form einer Matrix die verschiedenen Gremien, deren Besetzung und deren Besprechungsinhalte zu erfassen.

Konkret bedeutet das, sämtliche Sitzungen, Konferenzen und Teamsitzungen aufzuführen und unter den im Folgenden genannten Stichpunkten zu durchleuchten:

Bezeichnung

Art der Konferenz also: Teamsitzung, Leiterrunde, Qualitätszirkel, Mitarbeitervertretung (MV), Dienstübergabe, Fachbereichsgespräch o.ä.

Teilnehmer

Wer nimmt teil? – alle Mitarbeiter (MA), MA und Leitung, diensthabende MA etc.

Zyklus

In welchem Rhythmus finden Sitzungen statt?

Inhalt

Welche Themen werden behandelt? Welche inhaltlichen Schwerpunkte werden gesetzt?

Dauer
Welcher Zeitrahmen ist für die Sitzung veranschlagt?
Protokoll
Wird ein Protokoll geschrieben?
Ablage
Wo liegt das Protokoll? – Hier den Funktionsbereich benennen wie z.B. bei der Leitung, in den Gruppen etc.
Verantwortlichkeit
Wer ist verantwortlich für die Durchführung? – Funktionsbereich benennen.

Die entsprechende Matrix dazu könnten Sie folgendermaßen gestalten:

Konferenzstruktur						
Bezeichnung	**Teilnehmer**	**Zyklus**	**Dauer**	**Inhalt**	**Doku und Ablage**	**Verantwortung**
Teamsitzung	Teamleitung und alle Mitarbeiter/innen	1 x wöchentl.	2 Std	fachlicher Austausch/ Organisatorisches	Protokoll/ Gruppe	Mitarbeiter/ innen
Leiter runde	Fachbereichsleiter/innen und Leitung	1x wöchentl.	2 Std	Arbeitsorganisation/ Führungsaufgaben	Protokoll/ Leitung	Leitung
Übergabegespräch	diensthabende Mitarbeiter/ innen	täglich	30 min	Arbeitsübergabe	Dienstbuch/ Gruppe	Mitarbeiter/ innen
Qualitätszirkel	ausgewählte Mitarbeiter/ innen, Leitung-Qualitätsbeauftragter	1 x monatlich	4 Std.	Aspekte der Qualitätsentwicklung und -sicherung	Protokoll/ Gruppe/ QB	Qualitätsbeauftragte/r
etc.						

Abb.: Konferenzstruktur

Diese sogenannte ›Konferenzstruktur‹ liefert eine vollständige Übersicht über die in der Einrichtung stattfindenden Besprechungen. Für die Mitarbeiter/innen wird nicht nur ersichtlich, an welchen Gremien sie selbst teilnehmen müssen, sie erfahren auch, mit welchen Themen sich andere Bereiche und Hierarchieebenen befassen.

Über den Nutzen und Wert vieler Besprechungsrunden kann an dieser Stelle durchaus nachgedacht werden – nicht zuletzt wenn deutlich wird, wieviel Zeit manchmal dafür investiert wird.

Bei der Erarbeitung der Konferenzstruktur im Qualitätszirkel wird gleichzeitig überprüft, ob alle Bereiche in der bestehenden Regelung berücksichtigt sind. Nicht selten wird festgestellt, wie mangelhaft die Möglichkeiten für einen Austausch unter den Mitarbeiter/innen unter den bisherigen Bedingungen ist. Bestimmte Arbeitsbereiche waren vielleicht nur unzulänglich berücksichtigt.

Im Sinne der Qualitätsentwicklung und -sicherung müssen dann strukturelle Verbesserungen in diesen Punkten angestrebt werden.

Ähnlich verhält es sich mit der Dokumentation von Besprechungsergebnissen. Häufig ist den Mitarbeiter/innen gar nicht bekannt, wie Ergebnisse festgehalten und weitergetragen werden.

Lücken und Fragezeichen füllen dann die Konferenzmatrix an dieser Stelle. Unter der Prämisse ›Rückverfolgbarkeit‹ wäre zu überlegen, ob die ungeliebten Protokolle nicht doch unerlässlich sind?!

Wir wissen, dass mit der Forderung nach Protokollierung keine Begeisterungsstürme entfacht werden. Es bedeutet immer Mehrarbeit!

Umso wichtiger wird es, den Mitarbeiter/innen die Notwendigkeit und Bedeutung dieser Maßnahme verständlich zu machen. Vielleicht hilft es, sich auf einige Absprachen zur Protokollführung zu einigen. ›So kurz und bündig wie möglich!‹ – das sollte die Devise sein.

Es empfiehlt sich, nur in Ausnahmefällen ein Verlaufsprotokoll einzufordern wie beispielsweise bei Grundsatzentscheidungen mit langen Diskussionen; ansonsten ist ein Ergebnisprotokoll zweckmäßiger. Am Ende jeder Sitzung sollte das Protokoll in wichtigen Stichworten kurz dargestellt werden, um mögliche Mißverständnisse gleich auszuräumen. Sinnvoll ist auch, dass sich der/die Protokollant/in auch für die Verteilung des Protokolls verantwortlich erklärt.

Nicht zuletzt muss eine Absprache über die Verteilung getroffen und gleichzeitig eine Regelung geschaffen werden, mit der alle Mitarbeiter/innen verpflichtet werden, sich die Informationen aus den Protokollen anzueignen – dies gilt im übrigen auch für diejenigen, die wegen Krankheit oder Urlaub bei der Verteilung der Protokolle nicht anwesend sind. Eine letzte Anmerkung: In der Konferenzmatrix werden auch alle externen Sitzungen erfasst. Inhalte solcher Besprechungen sind häufig für die Planung und Durchführung der Aufgabenstellungen von großer Bedeutung – nur haben die

Mitarbeiter/innen selten einen genauen Überblick, wer an welchen Sitzungen teilnimmt und damit Informationsträger für die gesamte Organisation ist.

6.5 Fortbildungsplan

Fort- und Weiterbildung der Mitarbeiter/innen hat im QM einen hohen Stellenwert, denn kontinuierliche Verbesserung als Grundzielsetzung des QM-Prozesses ist eng daran geknüpft.

Maßgabe ist in diesem Zusammenhang, systematisch und regelmäßig den Fortbildungsbedarf zu ermitteln und geeignete Maßnahmen zu treffen, den damit verbundenen Anforderungen gerecht zu werden.

Der Fortbildungsplan ist hierbei ein simples Hilfsmittel. Sie führen auf:

- Welcher Bedarf besteht,
- Welche thematische Fortbildung demzufolge sinnvoll ist,
- Welchen Fortbildungsträger/welche Fortbildungsart sie wählen,
- Wer von den Mitarbeiter/innen an der Fortbildung teilnimmt,
- Wie Fortbildungsinhalte in die Einrichtung ›zurückkommen‹.

Fortbildungsplan					
Fortbildungsbedarf	**Thema der Fortbildung**	**Fortbildungsträger**	**Zeitraum**	**Teilnehmer/innen**	**Transfer der Inhalte**
Kenntnisse im Zusammenhang mitunbegleiteten Flüchtlingen	Asylrecht	Akademie ›Sozialarbeit‹	1. Halbjahr 2002	je ein/e Gruppenmitarbeiter/in	Information in den Teams
Dienstplan gestaltung	›Ampelmodell‹/ Arbeitszeitkonten	intern, Fachreferat	Mai 2002	alle MA	Protokoll

Abb.: Beispiel für Fortbildungsplan

Sie müssen in Ihren Einrichtungen entscheiden, in welchen zeitlichen Intervallen Sie derartige Fortbildungspläne erstellen und in welcher Form Sie die Mitarbeiter/innen daran beteiligen.

Wichtig ist, im Auge zu behalten, dass es primär um Fortbildungsthemen geht, die für die Verbesserung der Arbeit in der Einrichtung relevant sind. Unbestritten tragen Fortbildungen auch zur persönlichen Qualifizierung einzelner Mitarbeiter/innen bei und sind auch Motivationsfaktoren. Der Nutzen für die Einrichtung steht auch hinter der Frage, wie Fortbildungsinhalte ›zurückkommen‹. Auch die Mitarbeiter/innen, die nicht persönlich an Fortbildungsveranstaltungen teilgenommen haben sollen von den Inhalten profitieren.

Und noch eins: externe Fortbildungen können sehr kostenintensiv sein – unter diesem Gesichtspunkt können auch interne Veranstaltungen ihren Zweck erfüllen. Sei es, dass Sie aus dem Potential der Mitarbeiter/innen schöpfen, sei es, dass Sie Fachberater/innen zu sich einladen, die bestimmte Themen aufarbeiten.

Praxistipp:
Bewährt hat sich bei vielen Einrichtungen auch, eine Bewertung der Fortbildungsveranstaltungen vornehmen zu lassen.

Daraus lassen sich Erkenntnisse für die Zukunft gewinnen – nicht jede externe Veranstaltung oder intern organisierter Vortrag ist es wert, dass weitere Mitarbeiter/innen daran teilnehmen.

6.6 Konzeption als Kriterium für Strukturqualität

Die Strukturqualität, die wir im Rahmen der Aufbauorganisation bisher betrachtet haben, bezieht sich auf das, was als Voraussetzung für ›die Erbringung der Dienstleistung‹ anzusehen ist. Dazu zählt auch die Konzeption bzw. die Leistungsbeschreibung. Als vertragsähnliches Werk wird die Konzeption zum »Herzstück« der Arbeit. Das bedeutet im Sinne des Qualitätsmanagements , dass sich alle anderen Veröffentlichungen des Trägers inhaltlich an der Konzeption messen lassen müssen.

Da wären zu nennen:

- Informationsbroschüren/Flyer, die in der Regel mit wichtigen Stichpunkten aus dem konzeptionellen Ansatz verbunden sind.
- Stellenbeschreibungen: Sie definieren, auf die einzelnen Funktionen bezogen, wie konzeptionelle Grundgedanken praktisch umgesetzt werden sollen.
- Jahresberichte/Sach- und Tätigkeitsberichte: Was muss im Sinne der Gesamtkonzeption verändert werden? Ausblicke und Trends.

- Verträge.
- Das Qualitätsmanagementhandbuch, die Darlegung von Strukturen und die Beschreibung von Schlüsselprozessen und Standardentwicklungen, also konkrete überprüfbare Ablaufbeschreibungen für alle Bereiche.

Die Konzeption benennt die Aufgabenstellung, beschreibt die Zielgruppe, skizziert die Dienstleistungsangebote, stellt den methodischen Weg vor, macht Angaben über das Personal, die Struktur, die räumliche Einbindung und über einreichungsspezifische Besonderheiten. Unter der Maßgabe der konsequenten Zielformulierung kann sie nicht nur dazu dienen, beim Kostenträger Projekte durchzusetzen und Finanzierungszusagen zu erwirken, sie muss – wie auch das Leitbild – Richtlinie für die inhaltliche Arbeit, besonders auch der Prozesslenkung sein (vgl. auch Kapitel 7 QM-Ablauforganisation).

Es ist wichtig, dass Mitarbeiter/innen von Einrichtungen das jeweilige Leitbild und die Konzeption ausgehändigt bekommen. So erst können sie dem QM-Slogan »*Sage, was du machst, und mache, was du sagst*« gerecht werden.

7 QM-Ablauforganisation

›Strukturen klären‹ ist die eine Schwerpunktaufgabe im Rahmen des QM's, ›Prozesse oder auch Abläufe verbindlich regeln‹ eine andere. Dabei werden zwangsläufig auch Fragen zur Unternehmenskultur berührt, deren Antworten Sie in Ihren Aussagen zur ›Prozesslenkung‹ niederlegen.

Die Einrichtungen erklären künftig nicht mehr nur **was** sie tun, sondern sie ergänzen künftig auch **wie** sie arbeiten und mit welchen Maßnahmen sie ihr Handeln absichern. Sie erstellen de facto die vom Kostenträger eingeforderten Leistungsbeschreibungen, die die bisher gängigen Leistungsangebote ersetzen.

Leistungsbeschreibungen setzen sich folgendermaßen zusammen:

- Sie ordnen Ihr Leistungsangebot einem bestimmten Bereich zu, indem Sie das relevante Gesetzbuch und den entsprechenden Abschnitt benennen, beispielsweise: SGB VIII/ KJHG. Darüber hinaus grenzen Sie die Angebotsgruppe und die Angebotsform ein wie zum Beispiel: Stationäre Jugendhilfe, Regelgruppe, Betreutes Wohnen in einer sozialpädagogischen Wohngemeinschaft, Betreutes Einzelwohnen, §§ 27, 34, 41.
- Sie beschreiben die Zielgruppe, das heißt die potentiellen Leistungsempfänger mit dem entsprechenden Hilfebedarf: Kinder/ Jugendliche die in bzw. eben nicht in einer Rund-um-die-Uhr-Betreuung leben müssen, die bereit und in der Lage sind regelmäßig die Schule oder den Ausbildungsplatz zu besuchen etc.
- Sie formulieren Ihren gesetzlichen Arbeitsauftrag und stellen die einzelnen Leistungen – sowohl Regel- als auch Zusatzleistungen – stichpunktartig vor. Hier werden auch konzeptionelle Aussagen in Bezug auf die Methodik relevant.
- Sie weisen die Personal- und Sachausstattung Ihrer Einrichtung vor; dazu gehören auch Parameter wie Einrichtungsgröße, Mitarbeiterqualifikation und Auslastung.
- Sie nehmen Bezug zu der in Ihrem Bundesland praktizierten Kostensatzberechnung.

- Sie präsentieren Ihre Standards in der Prozesslenkung, benennen die entsprechenden Qualitätsmerkmale und legen Ihre Maßnahmen zur Qualitätssicherung dar. Das kann unter diesem Punkt der Verweis auf ein Qualitätsmanagementhandbuch sein, dass Sie beispielsweise unter den Vorgaben der DIN ISO 9001:2000 erstellt haben.

7.1 Standardentwicklung als Ausdruck eines betrieblichen Maßstabs

›Standards entwickeln‹ heißt nichts anderes, als gemeinsam prozessbezogene Handlungs- und Verhaltensvereinbarungen zu treffen. Befragt man beispielsweise mehrere Mitarbeiter/innen einer Einrichtung zu den Schritten eines Aufnahmeverfahrens, treten nicht selten unterschiedliche Vorgehensweisen zu Tage. Das mag an manchen Punkten bis zu einem gewissen Grad auch legitim sein, denn jeder ›Fall‹ ist ein anderer, Situationen können sich anders darstellen und zudem sind auch die Mitarbeiter/innen verschiedene Charaktere. Dennoch: wäre es nicht sinnvoll, dass bei einem Aufnahmegespräch bestimmte Schritte von allen Mitarbeiter/innen in vergleichbarer Weise vollzogen werden müssten, damit eine tragfähige Grundlage für eine Entscheidung erreicht werden kann?

Hier setzt der ›betriebliche Maßstab‹ an, der in diesem Sinn den Mitarbeiter/innen eine Orientierung und den Kunden Kontinuität und Verläßlichkeit in Bezug auf die inhaltliche Arbeit bietet. Mit dem betrieblichen Maßstab soll gewährleistet werden, dass eine Dienstleistung in gleichbleibender Qualität erbracht wird. Unabhängig davon, ob Herr Müller, Frau Meier oder Herr Schulze im Dienst ist; die Dienstleistung wird reproduzierbar. Anders als allerdings im Produktionsbereich, in der es die Zielsetzung ist, ein Produkt möglichst zuverlässig nach den gesetzten Vorgaben zu fertigen – sei es die erste Ausfertigung oder die hundertste – müssen natürlich in der sozialen Arbeit, die individuellen Gegebenheiten Beachtung finden.

Unter diesem Gesichtspunkt gibt der betriebliche Maßstab einen festen Rahmen vor, der die Mitarbeiter/innen darin unterstützt, in der konkreten Situation einen auf ihr Gegenüber zugeschnittenen Weg in Bezug auf pädagogisches Handeln und Entscheiden zu finden.

Gerade hierin spiegelt sich Fachlichkeit wider, denn die Mitarbeiter/innen müssen beurteilen: ›Wer sitzt dort vor mir?‹ ›Welche Erfahrungen bringt er mit?‹ ›Welche Hilfe ist für ihn die angemessene?‹ ›Können wir sie in unserer Einrichtung leisten?‹ und vor allem ›Wie machen wir das?‹

Standards zu bestimmten Prozessen – den Schlüsselprozessen wie sie mit der Aufnahme, Entlassung, Hilfe-/Förderplanung, Eltern-/Angehörigenarbeit und dem Krisen- und Beschwerdemanagement in der Regel auch vom Kostenträger benannt werden – beschreiben diesen betrieblichen Maßstab.

!

Dazu zählt:
- dass Sie die Zielsetzung klären und benennen,
- dass Sie den Gültigkeitsbereich abgrenzen,
- dass Sie die einzelnen Prozessschritte aufführen,
- dass Sie diesen Prozessschritten zuordnen, wer für die Verrichtung der entsprechenden Aufgaben verantwortlich zeichnet,
- dass Sie Handlungs- und Verhaltensmaximen formulieren und
- dass Sie die prozessbegleitenden Dokumente aufführen.

Dabei orientieren Sie sich nicht nur an den Leitzielen und den von Ihnen ermittelten Kundenerwartungen, sondern Sie müssen auch die in den gesetzlichen Vorgaben benannten Qualitätskriterien beachten.

›Wo sind diese beschrieben?‹, mögen Sie vielleicht an dieser Stelle fragen. Der Gesetzestext zu den verschiedenen Leistungsbereichen enthält – quasi explizit erwähnt, oder auch zwischen den Zeilen – verschiedene Verlautbarungen.

Im KJHG (Kinder- und Jugendhilfegesetz) können Sie beispielsweise aus den §§ 1 - 9 und §§ 27 - 36 aber auch aus dem schon erwähnten § 78 folgende Qualitätskriterien herausfiltern:
- Fachlichkeit
- Transparenz
- Beteiligung
- Vernetzung
- Parteilichkeit
- Wirtschaftlichkeit

Diese Qualitätskriterien werden zur Messlatte für Ihre Absprachen im Rahmen der Standardentwicklung. Das heißt nichts anderes, als dass Sie bei der gemeinsamen Prozessregelung immer wieder reflektieren müssen, ob Sie dem Anspruch eben auf Fachlichkeit, Transparenz, Beteiligung etc. sowie Ihren einrichtungsspezifischen Leitzielen gerecht werden.

Beziehen wir das noch einmal auf unser Beispiel – das Aufnahmegespräch – dann müssen Sie überprüfen, wann und in welcher Form Sie im Prozessablauf Ihre Fachlichkeit unter Beweis stellen.

Mit Blick auf Ihre eigenen Kompetenzen müssten Sie dann möglicherweise das Kind/den Jugendlichen an eine andere Einrichtung verweisen, wenn dies aus fachlichen Gesichtspunkten die geeignetere Lösung wäre. Ebenso müssen Sie unter der Maßgabe von Transparenz entscheiden, zu welchem Zeitpunkt und in welcher Form die Kinder/Jugendlichen und deren Eltern wichtige Informationen zu Ihrer Einrichtung und Ihrer pädagogischen Arbeitsweise erhalten. Die in dieser Weise getroffenen Absprachen zur Prozesslenkung werden für alle Mitarbeiter/innen verbindlich, denn sie enthalten die Anforderungen, die Sie an eine qualitativ gute Arbeit stellen.

»Gute Prozesse – gute Qualität«, so könnte in diesem Kontext die Folgerung aus der Standardentwicklung lauten.

Zur Standardentwicklung gehört aber nicht nur der Verweis auf die zur Verfügung stehenden Ressourcen und die Handlungsvereinbarungen, sondern gegebenenfalls auch Verhaltensverabredungen. In diesen Verabredungen spiegelt sich die Unternehmenskultur, denn Sie beschreiben dort den Umgang miteinander und den Umgang mit dem Klientel.

Voraussetzung für eine fundierte Standardentwicklung, ist eine Abkehr von dem oft üblichen organisationsorientierten Denken hin zu einem Prozessdenken.

Galt vielleicht bisher aus organisationsorientierter Sicht:	**Gilt künftig aus prozessorientierter Sicht:**
• die Leute sind das Problem	• der Prozess ist das Problem
• ich tue meine Pflicht	• ich helfe, damit es klappt
• ich kann meine Aufgabe	• ich kenne deren Bedeutung
• der Einzelne wird gemessen	• der Prozess wird gemessen
• wer hat Fehler gemacht?	• warum konnten Fehler entstehen?
• Personen werden ausgewechselt	• Prozesse werden verändert
• Mitarbeiter werden überwacht	• Mitarbeiter werden entwickelt
• die Hierarchie bestimmt	• der Kunde bestimmt

(nach: Monika Bobzien u.a. »Qualitätsmanagement« 1996, S. 56)

›Prima!‹ werden Sie jetzt meinen, »da kann mir ja nichts mehr passieren!!!« Im »Fehlerfall« werden Prozesse verändert und nicht Personen ausgewechselt!«

Nicht ganz! Hierin liegt kein Freibrief für die Mitarbeiter/innen. Das Prozessdenken beschreibt die primäre Sichtweise, um Lösungen an Problempunkten herbeizuführen. Mitarbeiter/innen, die sich den prozesslenkenden Vorgaben nicht unterordnen wollen, werden sich auch in Zukunft dafür verantworten müssen. »Wer jetzt den Kopf in den Sand steckt, knirscht später mit den Zähnen!« – stimmen Sie Ihre Mitarbeiter/innen oder Kolleg/innen darauf ein!

7.2 Verfahrensanweisungen und Prozessbeschreibungen

Einrichtungsspezifische Verfahrensanweisungen sind der Teil in der Standardentwicklung, der das **Wie** in Bezug auf die ›Qualität‹ beschreibt. Verfahrensanweisungen legen die ›Ausgestaltung‹ der Dienstleistung dar und bewirken, dass Handeln und Entscheiden nicht von persönlicher – und damit weitgehend unbeeinflussbarer – Beliebigkeit bestimmt werden. Dabei geht es nicht allein darum, eine Ablauffolge verschiedener Prozessschritte festzulegen, sondern eben auch Handlungsorientierungen festzuschreiben.

Ein Beispiel hierfür: ›Der erste Eindruck macht's!‹ Es kann sich als sehr aufschlussreich erweisen, einmal zu überprüfen, wie sich Mitarbeiter/innen von Einrichtungen am Telefon melden, wie sie auf Anliegen reagieren und auch wie sie an andere Gesprächspartner/innen weiter verbinden. Wohlgemerkt, die Betonung liegt auf dem ›wie‹!

Dass die Mitarbeiter/innen das Telefon bedienen ist hier nicht die Frage, viel mehr:

Ist da ein Interesse am ›Kunden‹ spürbar oder herrscht Lustlosigkeit bis hin zur Unfreundlichkeit vor?

Fragen die Mitarbeiter/Innen nach dem Anliegen des Anrufers, sind sie bemüht die Anrufenden direkt an die richtige Adresse weiterzuleiten falls erforderlich? Dazu gehört selbstverständlich auch ein Blick auf die Strukturen! Wissen alle wer ›wofür‹ der entsprechende Ansprechpartner ist? Sind Sprechzeiten der einzelnen Bereiche bekannt, so dass gezielt Auskunft darüber gegeben werden kann?

›Peanuts‹ mögen Sie vielleicht sagen, ›nicht so ganz‹ würden wir dagegensetzen! Die Erfahrung zeigt, dass hier viele Einrichtungen Handlungsbedarf haben – oder stört es Sie nicht, wenn Sie in Telefonschleifen hängen bleiben, weil keiner genaue Auskünfte geben kann? Oder haben Sie nicht auch schon erlebt, dass ständige ›Frei-, beziehungsweise ›Besetztzeichen‹ den Eindruck vermitteln, hier besteht gar kein Interesse beispielsweise an einer Anfrage? Eindeutige Absprachen würden sicher Abhilfe schaffen können.

Viele Störungen im Ablauf beruhen auf ›Banalitäten‹ und ›Selbstverständlichkeiten‹ – vielleicht ist das der Grund, warum man sie als Mitarbeiter/in in einer Einrichtung oft selbst nicht sieht!

QM bewirkt, die Dinge durch eine andere Brille zu betrachten, Lösungen in Form von notwendigen Absprachen erreichen Sie dann sehr viel leichter.

Damit wären wir wieder beim ›betrieblichen Maßstab‹ und der Aufgabe, eben diese Handlungs- und Verhaltensverabredungen im Rahmen eines QM's zu entwickeln. Verfahrensanweisungen geben vor, was aus prozessbezogener Sicht zur Gewährleistung von ›richtigem‹ und ›gutem‹ Arbeiten geleistet werden muss. Damit werden sie zu Gestaltungsmitteln der inhaltlichen Aufgaben und sind nicht bloße Handlungsstereotypen.

Gefordert ist hier die Motivation und die Eigenverantwortlichkeit aller Mitarbeiter/innen, denn mit der Erstellung von Verfahrensanweisungen eröffnet sich ihnen die Möglichkeit, aktiv an der inhaltliche Ausgestaltung ihrer Arbeit mitzuwirken. Die Identifizierung mit dem Arbeitsauftrag wird erleichtert, die Klärung des eigenen Selbstverständnisses gefördert und das Verhältnis zwischen Nähe und Distanz zur eigenen Arbeit neu definiert. Sie ziehen Grenzen und können klar unterscheiden, wofür sie verantwortlich sind und wo ihre Aufgaben anfangen und wo sie aufhören.

Gemeinsam im Team oder Qualitätszirkel formulierten Verfahrensanweisungen kommt auch unter dem Aspekt ›Kontrolle‹ eine besondere Bedeutung zu. Die Vorstellung einer möglichen Kontrolle in der inhaltlichen Arbeit entfacht tiefgehende Diskussionen in Mitarbeiterkreisen. Die einen werden unsicher, andere stehen dem eher gelassen gegenüber. Letzteres geschieht wohl nur, wenn man sich absolut sicher sind, dass einem in der Arbeit kein ›Fehler‹ unterlaufen ist. Diese Sicherheit stellt sich aber in der Regel nur dann ein, wenn eine Orientierung vorhanden ist, die es den Mitarbeiter/innen ermöglicht, ihr Handeln abzugleichen und gegebenenfalls zu korrigieren. Hier sind Verfahrensanweisungen Hilfsmittel. Sie ermöglichen ein großes Maß an Selbstkontrolle, was Fremdkontrolle künftig weniger bedrohlich erscheinen läßt.

Mehrmals haben wir bisher betont, dass Verfahrensweisungen gemeinsam erarbeitet werden sollen und dafür verschiedenste Begründungen genannt. ›Gemeinsam erarbeiten‹ gestaltet sich aber häufig nicht ganz einfach.

Praxistipp:
Eine ganz konkrete Übung könnte ein guter Anfang sein. Verfahrensanweisungen zu vermeintlich banalen Vorgängen erstellen, wie zum Beispiel das Falten eines Papierschiffs oder -flugzeugs, auch das Beschreiben, wie Sie zu einem Krawattenknoten gelangen, ist ein lohnendes Beispiel.

Zum einen liegt hierin ein echter Unterhaltungswert; das kann die Qualitätszirkelarbeit übrigens ungeheuer befruchten. Zum anderen wird aber deutlich, wie schwierig es ist, sich auf Konsensformulierungen zu vermeintlich einfachen Vorgängen zu einigen.

Der nächste Schritt liegt in der ›Erprobungsphase‹; dass heißt nicht beteiligte Mitarbeiter/innen versuchen die erarbeiteten Anweisungen nachzuvollziehen. Häufig stellt sich dabei heraus, dass wichtige Schritte übersehen wurden – weil sie für selbstverständlich erachtet wurden – und dass deshalb die Vorgaben oft ungenau formuliert sind.

Im letzten Schritt kommt dann die Übertragung auf die eigentliche inhaltliche Arbeit. Stellen Sie in der Mitarbeiterrunde einmal die Frage danach, ob Absprachen und Regelungen in Bezug auf die für die inhaltliche Arbeit wichtigen Prozesse bekannt sind und auch umgesetzt werden.

Unserer Erfahrung nach treffen hier häufig sehr individuelle Wahrnehmungen aufeinander; was die einen für wichtig halten, erscheint den Kolleg/innen als Nebensache, wo die einen denken, es gäbe klare Absprachen, sehen die anderen das ganz anders.

Fazit solcher Diskussionen ist in vielen Gesprächsrunden die Erkenntnis, eindeutige Prozessregelungen würden im Arbeitsalltag Entlastung bringen. An diesem Punkt wäre schon die erste Hürde der Überzeugungsarbeit genommen.

7.3 Reflektieren von Schlüsselprozessen

Schlüsselprozesse sind die Prozesse oder Abläufe im Arbeitsalltag, die für das Erreichen der angestrebten Qualitätsziele besonders wichtig oder bestimmend sind. Verabredete Prozesslenkung in diesen Punkten sind eindeutige Wegweiser für die inhaltliche Arbeit. Folglich wäre die Zielerreichung klar gefährdet, wenn ein Unternehmen oder eine soziale Einrichtung hier keine eindeutigen Handlungsvorgabe formulieren würde.

Über die Maßgaben der Gesetzestexte (KJHG, BSHG) und entsprechender Rahmenverträge werden folgende Prozesse im Rahmen der sozialen Arbeit als Schlüsselprozesse identifiziert:

1. **Der Prozess der Aufnahme in eine Einrichtung**
2. **Der Umgang mit Beschwerden (Dahinter steht die Bedeutung der Kundenzufriedenheit als ein Q-Merkmal)**
3. **Krisensituationen und der Umgang damit**
4. **Die Entlassung bzw. der Umzug eines Klienten in eine andere Einrichtung (z.B. Von einer stationären Einrichtung in eine Wohngemeinschaft)**
5. **Der Prozess der Hilfe- oder Förderplanung**
6. **Die Einstellung und Einarbeitung neuer Mitarbeiter**
7. **Der Umgang mit Angehörigen**
8. **Der Umgang mit Kooperationspartnern**

Hinzu kommen Prozesse, die die Besonderheiten der jeweiligen Einrichtung oder ihr besonderes Arbeitsgebiet unterstreichen wie z.B. Beratungsangebote oder auch spezielle Hilfe- oder Betreuungsaktivitäten.

Schlüsselprozesse sind somit klare Eckpfeiler der sozialen Arbeit – die Reflexion dieser Schlüsselprozesse und die daraus resultierenden Absprachen und Regelungen stärken die Professionalität.

Grundsätzlich nähern Sie sich diesen Absprachen – und damit der Standardentwicklung – über die schon skizzierten W-Fragen. Jeder einzelne Schlüsselprozess wird hinterfragt;

! In Bezug auf die ›**Aufnahme**‹ überlegen Sie beispielsweise:
- Wie werden Klienten aufgenommen?
- Welche Prozessschritte durchläuft ein Aufnahmeverfahren, wie werden Kundenerwartungen einbezogen?
- Gibt es klar umrissene Aufnahmekriterien?
- Werden Voraussetzungen benannt, die ein Klient erfüllen muss oder geben schon strukturellen Bedingungen vor, ob jemand aufgenommen werden kann oder nicht?
- Wie werden gegenseitige Erwartungen abgeklärt? Welche Dokumentation erfolgt im Rahmen des Aufnahmeverfahrens?

Diese Fragenkette ließe sich noch fortsetzen; jede Einrichtung muss an dieser Stelle für sich selbst entscheiden, was mit Blick auf das Leitbild und die konzeptionellen Ziele bedeutsam ist und was nicht. Analog beurteilen und bewerten Sie die anderen genannten Prozesse.

> **!** Zum ›**Umgang mit Beschwerden**‹:
> - Wie gehen Sie mit Beschwerden um, von welcher Kundengruppe sie auch immer kommen?
> - Wer ist zuständig für welche Art von Beschwerden?
> - Was können die Mitarbeiter/innen z.B. selbst vor Ort bearbeiten, worüber muss die Leitung der Einrichtung grundsätzlich informiert werden?
> - Wann wird der Beschwerdeführer über den Stand der Dinge informiert?
> - Wie werden Beschwerden dokumentiert, werden sie statistisch erfasst?

Sie sehen, auch hier tun sich eine Fülle von Fragen auf. Im Mittelpunkt steht immer, die beeinträchtigte Kundenzufriedenheit wieder voll herzustellen.

> **!** Zur ›**Bewältigung von Krisen**‹:
> - Wie werden Sie mit krisenhaften Situationen fertig? – Selbstverständlich muss an dieser Stelle – wie auch bei der ›Beschwerde‹ – die Krise als solche zunächst einmal definiert werden.
> - Gibt es allgemeine Verhaltensvorschriften in solch einer Situation?
> - Sind sie dokumentiert oder hat jeder Mitarbeiter seine eigene Vorgehensweise im Kopf?
> - Wann und wie holen sie externe Hilfe?
> - Wie steht es um den Schutz der anderen Bewohner und um die Sicherheit der Mitarbeiter/innen?
> - Wie verhindern Sie die Selbstgefährdung des Klienten?
> - Welche Art von ›Umgang in Krisensituationen‹ vereinbaren Sie mit dem Klientel schon im Vorfeld?
> - Wie werden Krisen dokumentiert und reflektiert, damit im Wiederholungsfall davon profitiert werden kann?
> - Erfahren Mitarbeiter/innen Unterstützung nach Krisensituationen, die sie selbst psychisch und physisch an die Grenze gebracht haben?

Auch hier nur ein Auszug von möglichen Fragestellungen; was für Sie konkret wichtig ist und beantwortet werden muss, entscheiden Sie in Ihrer

Einrichtung selbst. Eine Anmerkung noch zum Thema ›Bewältigung von Krisen?‹: Oft ist der Einstieg in die Diskussion schwierig – die Mitarbeiter/innen sehen sofort jeden einzelnen Klienten und fragen sich, was kann denn hier als ›betrieblicher Maßstab‹ verabredet werden, wenn sie immer ganz individuell reagieren müssen?

Die Antwort wäre: Der betriebliche Maßstab steckt einen Rahmen ab, formuliert Handlungsschritte und Handlungsweisen die zur Bewältigung der Krisensituationen – auch unter den gegebenen Leitzielen –zwingend notwendig sind. Was bleibt ist in der Tat die Eigenverantwortlichkeit jedes/r einzelnen Mitarbeiters/Mitarbeiterin im Umgang mit dem Klienten.

! Aspekte in Bezug auf die ›**Entlassung**‹:
Die Entlassung bzw. der Wechsel eines Klienten in eine andere Betreuungsform bedeutet immer eine Menge an Vorbereitung.

- Wie erfolgt die Entlassung?
- Wer ist an der Entscheidung beteiligt?
- Gibt es Kooperationspartner die Ihre Klienten aufnehmen?

Das sind wiederum nur einige Gesichtspunkte, die sie gemeinsam diskutieren und regeln sollten.

! Betrachten wir als letztes Beispiel noch die **Hilfe- beziehungsweise Förderplanung und entsprechend die Pflegeplanung**.
Hierin liegt ein Schlüsselprozess, der in der Jugend- wie auch in der Behindertenhilfe oder Pflege im Mittelpunkt der gesamten Arbeit steht.

- Wie wird das Klientel einbezogen?
- Wie viele Gespräche zur Klärung des Hilfebedarfs und der Umsetzung der Hilfen finden mit den Klienten oder auch Angehörigen statt?
- Wer von den Mitarbeiter/innen ist wie und wann in diesen Prozess eingebunden?
- Wie werden Hilfe-, Förder- oder Pflegeziele im Arbeitsalltag konkretisiert und damit überprüfbar gemacht?
- Wie und wann findet die Überprüfung der Zielsetzung überhaupt statt?

Es lohnt sich den Ablauf detailliert zu betrachten und gemeinsam Möglichkeiten zu entwickeln. Grundsätzlich gilt: Neben der Verabredung der notwendigen Prozessschritte und Handlungsmuster ist die Dokumentation von entscheidender Bedeutung. Gibt es z.B: bei der Förderung und auch Pflege eine Verlaufsdokumentation, vielleicht sogar eine tägliche Beschreibung der Förderungs- bzw. Pflegemaßnahmen und deren Auswirkungen?

Wir hoffen Sie haben jetzt eine Vorstellung darüber, was es heißt, Schlüsselprozesse ›zu bearbeiten‹. Analog müssen Sie natürlich Fragestellungen zum ›Umgang mit Angehörigen und Kooperationspartnern‹ aber auch zur ›Einstellung und Einarbeitung neuer Mitarbeiter/innen‹ entwickeln – die restlichen Schlüsselprozesse aus Sicht der Kostenträger.

Zum Schluss noch ein Satz zu Prozessen, die Ihre spezifische Aufgabe oder Arbeitsweise unter Beweis stellen. Wenn sich Ihre Einrichtung von anderen hier durch ein besonderes Vorgehen unterscheidet, dann machen Sie es transparent – nicht nur nach außen. Die gemeinsame Reflexion gerade dieser Besonderheiten kann das Selbstverständnis für die Arbeit fördern und die Motivation stärken. Wie bei der ›Schiffchenübung‹ werden auch Prozessabläufe in der Einrichtung betrachtet und bearbeitet, um zu einem betrieblichen Maßstab zu gelangen. Die ausgewählten Prozesse werden in einzelne Prozessschritte unterteilt und über gezielte Fragestellungen (s.o.) reflektiert Das jeweilige Vorgehen wird – unter Berücksichtigung der Leitziele und Qualitätskriterien – in Worte gefasst und mit Angaben über die Verantwortlichkeiten und die erforderliche Dokumentation ergänzt. Diese Abhandlungen oder auch Verfahrensanweisungen werden dann im QM-Handbuch dem entsprechenden Gliederungspunkten zugeordnet.

7.4 Flussdiagramme – eine spezielle Form der Verfahrensanweisung

Gerade die sogenannten Schlüsselprozesse erfordern eine detaillierte Betrachtung. Das Ergebnis wäre ›viel Text‹, der wohl nur ungern gelesen wird, weil die Übersicht fehlt. Hier ist eine andere Möglichkeit hilfreich, mit der Prozessregelungen dargestellt werden können: die sogenannten **Fluss- oder auch Ablaufdiagramme**.

Gegenüber den ausschließlich schriftlich formulierten Verfahrensanweisungen haben sie den Vorteil, dass sie sehr übersichtlich den Prozessverlauf visualisieren, gleichzeitig die Verantwortungen in Bezug auf die einzelnen Prozessschritte herausheben und die prozessbegleitende Dokumentation in Form von Vorgabe- und Nachweisdokumentation verdeutlichen.

Zur Erstellung von Flussdiagrammen werden bestimmte Symbole verwandt, die wie folgt definiert sind:

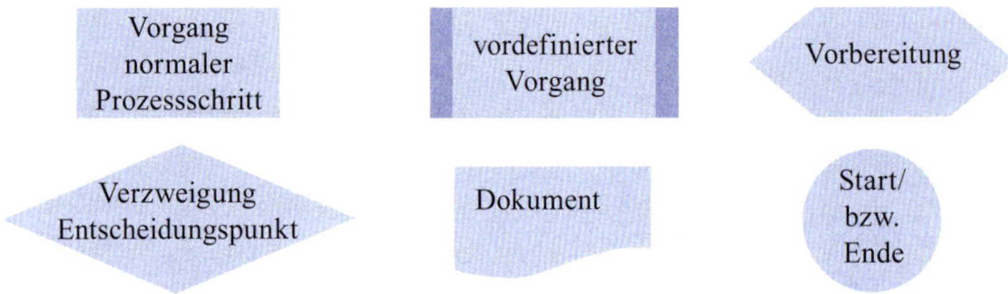

Dies sind die gängigen Symbole; in der Literatur finden Sie aber noch andere Varianten, die wir Ihnen kurz vorstellen möchten.

Für ›Beginn‹ und ›Ende‹ steht auch:

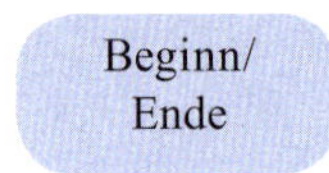

Für Dokumente wird neben dem oben gezeigten Dokumentenzeichen folgendes Symbol verwendet:

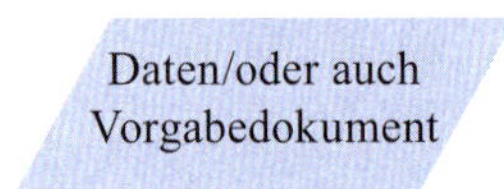

Hierbei gibt es noch eine Besonderheit, auf die wir Sie hinweisen möchten: Einige ›QM‹-Schulen verwenden dies als Symbol für Vorgabedokumente und dann das erstgenannte Dokumentensymbol für Nachweisdokumente.

Anmerkung: Wir selbst werden in dem Beispiel für ein Flussdiagramm nur das zuerst aufgeführte Dokumentenzeichen verwenden. Eine Bestimmung als Vorgabe- bzw. Nachweisdokument ergibt sich durch die Anordnung. Vorgabedokumente werden ›links‹ an der Prozesskette, Nachweisdokumente ›rechts‹ angeordnet.

Wie wird nun so ein Flussdiagramm erstellt und was gehört alles dazu?

Hier die wichtigsten Gesichtspunkte:

- Die Prozessschritte werden untereinander aufgeführt in Form einer Prozesskette.
- Fällt an dem einzelnen Prozessschritt eine Form von Dokumentation an, wird alles, was Vorgabe ist links, alles, was Nachweis an dieser Stelle ist, rechts angeordnet.
- Links außen wird mittels einer sogenannten ›Verantwortungsleiste‹ verdeutlicht, wer an dem jeweiligen Prozessschritt zuständig ist.

Betrachten Sie bitte einmal das nachstehende Flußdiagramm. Nehmen Sie sich die Symbole zur Hand und versuchen Sie, das Flußdiagramm zu ›lesen‹, d.h. den Prozess, der damit dargestellt ist nachzuvollziehen.

Flussdiagramm: Erstgespräch

Zielsetzung:

1. Konstruktive, vertrauensvolle Gesprächsatmosphäre
2. Adäquate Hilfsangebote

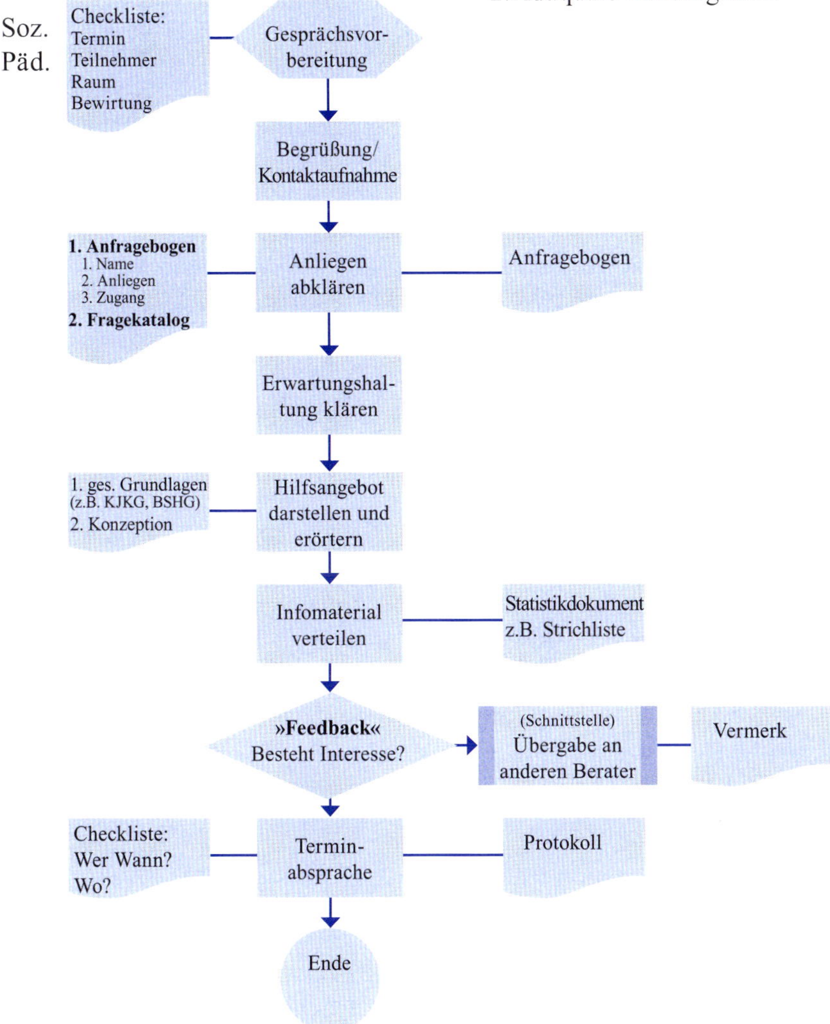

Wie sind Sie zurecht gekommen? Konnten Sie die Prozessvorgabe verstehen? Hier eine Erklärung zu den einzelnen Schritten:

Es geht um ein Erstgespräch, als **Zielsetzung** wurde eine *konstruktive, vertrauensvolle Gesprächsatmosphäre* und die Vermittlung eines *adäquaten Hilfsangebots* formuliert.

Verantwortlich ist der *Sozialpädagoge* der Einrichtung – würde sich die Verantwortung im Verlauf des Prozesses verändern, dann müssten Sie dies am entsprechenden Prozessschritt kenntlich machen.

Der erste Schritt ist ein Vorbereitungsfeld – es steht für die Aufgaben im Rahmen der **Gesprächsvorbereitung**. Als Vorgabe dafür ist ein Dokument angetragen, eine Checkliste, die erarbeitet wurde, damit der/die Mitarbeiter/in entnehmen kann, welche Punkte bei der Gesprächsvorbereitung zu beachten sind.

Es folgt der erste *Vorgang* im Rahmen des Erstgesprächs, die **Begrüßung und Kontaktaufnahme.** Banal, werden Sie vielleicht denken, aber hierzu können Sie Handlungs- und Verhaltensmaximen vereinbaren, die die Grundlage für eine vertrauensvolle, konstruktive Gesprächsatmosphäre herstellen. ›Aufeinanderzugehen‹, ›an der Tür begrüßen‹,

›Small-talk zum Anwärmen‹ – das was sie gemeinsam für sinnvoll erachten, halten Sie hier fest. Das Verhalten der einzelnen Mitarbeiter/innen muss sich an diesen Verabredungen orientieren, sie setzen einen Rahmen. Wie der ›Small-talk‹ dann konkret aussieht, das entscheidet sich aus der Situation heraus und hängt auch vom Naturell der Mitarbeiter/innen ab – so viel Freiheit bleibt.

Im nächsten Prozessschritt geht es darum, das **Anliegen abzuklären**. Fragen dazu könnten sein:

- Was will der/die Kunde/in?
- Ist er/sie eigenständig zu Ihnen gekommen, hat ihn/sie jemand geschickt?

Solche oder ähnliche Fragen haben Sie im Vorfeld zusammengetragen und gehen in Form eines **Fragekataloges** als *Vorgabedokument* an dieser Stelle in das Flussdiagramm ein; ebenso arbeiten Sie an dieser Stelle mit einem *Anfragebogen*, indem Sie wichtige Informationen festhalten. Als *Nachweisdokument* fungiert der ausgefüllte **Anfragebogen**.

Fortgesetzt wird Ihr Prozessablauf damit, dass Sie die **Erwartungshaltung klären**. Das konkrete Anliegen mag eine Sache sein; um aber adäquate Antworten geben zu können, müssen Sie auch die Kundenerwartungen an dieser

Stelle kennen. Wie Sie die ermitteln, können Sie als Handlungsvorgabe definieren, die diesen Prozessschritt konkreter beschreiben.

Beispiel: Führen Sie als Mitarbeiter/in dieses Erstgespräch, dann gilt es in Erfahrung zu bringen:

- welche Form der Hilfe von Ihnen erwartet wird
- welche Randbedingungen u.U. aus Sicht des Kunden erfüllt sein müssen
- in wieweit er/sie bereit ist, sich in die Hilfeleistung selbst einzubringen.

Zusätzlich müssen Sie Erwartungen seitens der Einrichtung vortragen, das können Zugangsvoraussetzungen sein, wie keine Drogen und kein Alkohol oder ein verpflichtender regelmäßiger Schulbesuch; das können aber auch Erwartungen sein, die die Haus- oder Gruppenregeln mitbestimmen wie beispielsweise die Teilnahme an Gruppenaktivitäten.

! Es gilt wieder der Grundsatz: Sie sprechen im Vorfeld den Rahmen ab; Sie halten fest, was aus fachlicher Sicht und mit Blick auf die einrichtungsspezifischen Zielsetzungen an diesen Prozessschritten zur Sprache kommen muss. Die Mitarbeiter/innen entscheiden wieder eigenverantwortlich und der Situation entsprechend, wie sie die notwendigen Informationen dem/der Gesprächspartner/in ›entlocken‹.

Im Flussdiagramm kommen Sie nun zu dem Punkt, an dem Sie das **Hilfsangebot darstellen und erläutern**.

Hier sind **gesetzliche Grundlagen** und auch die **Konzeption** Ihrer Einrichtung Vorgabe – kenntlich gemacht im Vorgabedokumentenzeichen.
Als Handlungsmaxime haben Sie hier vielleicht vereinbart, das bestimmte, für Ihre Einrichtung wichtige und charakteristische Punkte angesprochen werden müssen – die Sie in einer Auflistung zu diesem Prozessschritt formuliert haben. An dieser Stelle mögen Sie fragen, wo finde ich denn das alles, was hier in Bezug auf die einzelnen Prozessschritte als Vereinbarungen angesprochen wird. Dies sind Aussagen, mit denen Sie quasi das Flussdiagramm »hinterlegen«; rein praktisch würde das heißen: Im QM-Handbuch erscheint im Rahmen der Darlegungen zum Prozess Erstgespräch als erstes die Seite mit dem Abbild des Flussdiagramms. Darauf folgend heften Sie die Handlungs- und Verhaltensmaximen bzw. Checklisten zu den einzelnen Prozessschritten ab. Sie erleichtern die Orientierung, wenn Sie die schriftlich fixierten Absprachen mit Überschriften versehen, die den ›Prozessschritten‹ im Flussdiagramm entsprechen.

Zurück zu unserem Beispiel: **Informationsmaterial austeilen** lautet der nächste Vorgang. Hierzu haben Sie entsprechende Flyer o.ä. für Ihre Einrichtung erarbeitet, die die Kunden an die Hand bekommen. Unter Umständen führen Sie als Mitarbeiter/in an dieser Stelle eine einfache **Strichliste** als Nachweisdokument, um die Übersicht über die Menge der noch zur Verfügung stehenden Materialien zu erhalten.

Jetzt folgt ein **Entscheidungsfeld** – Sie stellen die Frage: *›Besteht Interesse ja oder nein?‹* Das Entscheidungsfeld eröffnet Ihnen immer den Weg in verschiedene Richtungen. Bei ›nein‹ geht es weiter mit einem sogenannten *vordefinierten Vorgang*, nämlich der **Übergabe an einen anderen Berater**. Vordefiniert in dem Sinn, dass Sie an anderer Stelle des Qualitätsmanagementhandbuchs die diesbezüglichen Handlungsweise schon dargelegt haben. Über dieses Symbol erhalten Sie als Mitarbeiter/in demzufolge den Hinweis: ›hierzu existieren Verabredungen, schlage unter dem entsprechenden Handbuchartikel nach, wenn Du genaue Informationen dazu brauchst‹. Als Nachweis führen Sie dann noch einen **Vermerk** über die Weiterleitung des Klienten an und der Prozess ist beendet.

Lautet die Antwort des weiteren Interesses ›ja‹, dann kommt es zu einer erneuten **Terminabsprache**, die über eine **Checkliste** geregelt ist. Dort stehen wichtige Punkte, die in Ihrer Einrichtung bei einem weiteren Gespräch oder einem ersten Vorstellungstermin zu beachten sind. Als Nachweisdokument erstellen Sie ein **Protokoll**, in dem die wichtigsten Erkenntnisse aus dem Erstgespräch festgehalten werden.

So oder so ähnlich kann unter der Maßgabe ›Qualitätsentwicklung und -sicherung‹ künftig der Standard zum ›Erstgespräch‹ in Ihrer Einrichtung aussehen. Sicher ist die Erarbeitung eines Flussdiagramms nicht bei jedem Vorgang sinnvoll ist. Manchmal ist eine Checkliste oder eine kurz formulierte Handlungsvorgabe ausreichend. Die Flussdiagramme haben aber den Vorteil, dass die Mitarbeiter/innen in den Qualitätszirkeln durch die Auswahl des entsprechenden Symbols dazu angehalten sind, an jedem Schritt zu reflektieren, was konkret geschieht. An welchen Phasen im Ablauf fällt zum Beispiel eine Entscheidung – von welcher Seite auch immer? Zudem verdeutlicht so ein Flussdiagramm gerade zum Prozess ›Aufnahme‹ wie viel Arbeitsleistung von Seiten der Einrichtungen investiert wird und der Prozess trotzdem an mehreren Punkten beendet sein kann, weil sich die Kund/innen, der Kostenträger oder auch die Einrichtung aus bestimmten Gründen gegen einen Fortgang entscheiden.

Praxistipp:
Grundsätzlich sollte im Vorfeld überlegt werden, wie Mitarbeiter/innen an die gemeinsame Erarbeitung solcher Verfahrensstandards herangeführt werden sollen.

Es kann vorteilhaft sein, Arbeitsvorlagen als Diskussionsgrundlage im Vorfeld zu erarbeiten, es ist aber häufig effektiver, wenn sich die Mitarbeiter/innen selbst die Flussdiagramme erstellen. Nicht nur, weil sie sich dadurch über die Prozessabläufe möglicherweise intensiver Gedanken machen müssen, sondern auch, weil dadurch die Chance vergrößert wird, dass die Handlungsvorgaben im Arbeitsalltag auch umgesetzt werden. – Eigene Arbeit und Mühe wird bekanntlich mehr gewürdigt.

7.5 Fehlervermeidung und Prozessoptimierung

Wenn wir in Mitarbeiterrunden die Frage stellen, was unter einem Fehler im Rahmen der Sozialen Arbeit zu verstehen ist, dann ernten wir häufig ›Stirnrunzeln‹ manchmal ›Schulterzucken‹. Ein ›Fehler‹ – was können wir denn mit einer solchen Sichtweise anfangen!!??

Unserer Erfahrung nach ist gerade diese Diskussion für den Prozess der Qualitätsentwicklung und -sicherung besonders wichtig. Es geht hier um das Bewusstsein und die Haltung aller Mitarbeiter/innen, die sie zu Ihrem ›Job‹ einnehmen – es geht um Professionalität. Es wird sehr schnell offenbar, dass ein ›Fehler‹ etwas mit der Zielsetzung zu tun hat. Ein ›Nichterreichen‹ der Ziele, ein ›Nichtentsprechen‹ der Anforderungen und Erwartungen – kurz: »wenn die Arbeit nicht so läuft, wie geplant und verabredet, dann müssen wir wohl von ›Fehlern‹ sprechen«, so lautet häufig das Resümee.

›Fehler‹ im Rahmen einer Dienstleistung könnten also – wie oben angesprochen – als ›nicht erreichte Zielsetzungen‹ beschrieben oder auch als ›fehllaufende Prozesse‹ bezeichnet werden. Was bedeutet das für die Mitarbeiter/innen, die die Umsetzung der Zielformulierung verantworten? Unter den gegebenen Randbedingungen brauchen die sozialen Einrichtungen einerseits innovative und kreative Mitarbeiter/innen – besonders wenn es darum geht, ein QM-System aufzubauen. Die Mitarbeiter/innen können aber nur angstfrei agieren, wenn eine »fehlerfreundliche« Atmosphäre herrscht. Unter dem Gesichtspunkt der Mitarbeiterpflege bedeutet das, zu überlegen, ob Fehler nicht auch positiv wirken können hinsichtlich Entwicklung und

Innovation. **›Aus Fehlern lernen‹** – ein für das Qualitätsmanagement adäquater Vorsatz.

Praxistipp:
Leitungskräfte können in diesem Zusammenhang ihren Mitarbeiter/innen Befürchtungen nehmen und Sicherheit vermitteln, wenn sie ein Statement wie »Wer sich bewegt, macht Fehler!« abgeben.

Es geht vordringlich eben nicht darum, jemanden als Schuldigen zu ›brandmarken‹, sondern Ursachen für die vermeintlichen Fehler zu ergründen und Vorbeugemaßnahmen zu entwickeln. Prozessdenken ist hier das Stichwort – was damit verbunden ist, haben wir an anderer Stelle schon dargelegt.

Ziel muss sein, mit als ›fehlerhaft‹ erkannten Prozessen ›beherrscht‹ umzugehen. Das bedeutet, Prüfpunkte im Prozess so einzubauen, dass es möglich wird, Fehler frühzeitig zu erkennen. Sogenannte ›Prüfpunkte‹ sind in der inhaltlichen Arbeit nicht unbedingt etwas Neues: Teamsitzungen, Fallbesprechungen und auch die kollegiale Beratung sind fester Bestandteil im Arbeitsalltag sozialer Einrichtungen. Darüber hinaus werden regelmäßig Gespräche mit dem Klientel geführt, in denen der Zielerreichungsgrad überprüfen. Auch mit den Kostenträgern findet in diesem Zusammenhang ein Austausch statt; Hilfekonferenzen in der Jugendhilfe sind beispielsweise als derartige Prüfpunkte anzusehen.

Bei der Frage nach Ergebnisqualität muss in der sozialen Arbeit eines im Auge behalten werden: Die Mitarbeiter/innen agieren nach dem sogenannten **›uno – acto – Prinzip‹** – dem Prinzip des ›Tuns in einem Zuge‹. ›Uno – acto‹ kennzeichnet die soziale Arbeit, denn die Leistungserbringung und die Leistungsabnahme erfolgt zeitgleich und beeinflusst sich dadurch gegenseitig.

Während Sie etwas ›tun‹ oder ›sagen‹, erfolgt die Reaktion des Betroffenen oder Angesprochenen, und folglich reagieren Sie wieder und verändern sich und entsprechendes geschieht bei Ihrem Gegenüber. Das ›uno-acto-Prinzip‹ trägt dazu bei, das die Bemessung von Ergebnisqualität so schwierig wird. Im selben Moment, in dem Sie Ihre Leistung erbringen, wird sie angenommen und auch bewertet. Damit kann die Frage nach ›Qualität‹ im Handeln nicht vom Adressaten abgekoppelt werden. Es erfordert ein Qualitätsverständnis, das die Leistungserbringung an sich in den Vordergrund rückt.

Ergebnisqualität in der sozialen Arbeit kann daher auch nur mittelbar bestimmt werden, beispielsweise durch die Häufigkeit der Nachfrage des

Angebots, durch Zahlen über die Auslastung in Ihrer Einrichtung, durch Zufriedenheitsäußerungen seitens der Kunden. Die Konzentration auf Ergebnisqualität führt in der sozialen Arbeit zu keiner wertfreien Aussage.

›Qualität‹ muss somit immer prozessorientiert gesehen werden.

Im Sinne von Prozessoptimierung bedeutet das, dass Qualität fortlaufend zu reproduzieren ist. Dazu müssen Prozessabläufe eben durch Standardentwicklungen so beschrieben werden, dass sie unabhängig von der Befindlichkeit und Einstellung der einzelnen diensthabenden Mitarbeiter/innen umgesetzt werden können. Gleichzeitig werden mit der Standardentwicklung Qualitätsindikatoren oder eben Kenngrößen bestimmt, die die Überprüfung der Prozessabläufe und damit des konkreten Handelns ermöglichen.

Nehmen wir zum Beispiel *›Beteiligung‹* als formuliertes Qualitätskriterium. Ein **Indikator** für Beteiligung im Prozess Hilfeplanung können dann ***regelmäßige Gespräche*** mit dem Klientel sein, in denen es seine Sichtweisen äußern und gegebenenfalls auch an Entscheidungen beteiligt werden kann. – Das ›Führen von Gesprächen‹ und auch eine Verabredung über den Zeitpunkt und die Gesprächsinhalte u.ä. wird dann in der Standardentwicklung zur ›Hilfeplanung‹ thematisiert und in der entsprechenden Verfahrensanweisung festgehalten.

Für *›Transparenz‹* – einem weiteren Qualitätskriterium – kann der Indikator beispielsweise ***umfassende Information*** sein. Wo und wann diese Informationsweitergabe zum Beispiel in Bezug auf die einzelnen Schlüsselprozesse gezielt und kontinuierlich erfolgen soll, können Sie in Ihrer Einrichtung konkret vereinbaren. Dazu zählen dann regelmäßige Eltern- bzw. Angehörigengespräche oder auch Sprechstunden für Eltern/Angehörige sowie themenbezogene Gesprächsrunden, Rücksprachen mit Kooperationspartnern, Team- und Fallbesprechungen und Dienstübergaben; all das sind Möglichkeiten, für mehr Transparenz in der Einrichtung zu sorgen.

Neben der Frage anhand welcher Indikatoren oder Kenngrößen Überprüfungen stattfinden spielt aber auch die Frage ›Wann und wo regelmäßig überprüft wird?‹ eine Rolle. Hier sind in den Einrichtungen in der Regel Besprechungsrunden verankert, die diese Aufgabe übernehmen. **Teamsitzungen** sind ein probates Mittel, die Vorgänge in Bezug auf die inhaltliche Arbeit transparent zu machen. Neben dem Informationsaustausch findet hier ein gezielter fachlicher Austausch in Form von kollegialer Beratung statt. Auch wenn es vielleicht im beruflichen Alltag nicht mehr als solches wahrgenommen wird, in jeder Teambesprechung wird die Arbeit überprüft – Sie vergleichen die erbrachte Leistung mit dem formulierten Ziel.

Aus Sicht des QM's ergeben sich daher Anforderungen an die Durchführung solcher Besprechungen. Eine gute Vorbereitung und Strukturierung ist unerlässlich.

Praxistipp:
Wünschenswert wäre eine Moderation, die die Gesprächsleitung übernimmt, Tagesordnungspunkte festhält und auch mit einem zeitlichen Rahmen versieht.

Nicht immer sind Probleme allein durch kollegiale Beratung zu lösen. **Supervision** ist ein Qualitätsmerkmal und eine Forderung der Kostenträger! Der Blick von außen bringt oft mehr als nur eine andere Sichtweise, er fordert auf, über Veränderungen nachzudenken.

Neben den Teamsitzungen sind die **klientenzentrierten Prüfpunkte** wie Hilfe- oder Förderplangespräche – in der Pflege analog dazu natürlich der gesamte Prozess der Pflegeplanung – bedeutsam. Auch wenn deren Gestaltung gerade in der Jugendhilfe in der Verantwortung der Jugendämter liegt, gibt es doch Handlungsbedarf bezogen auf die Arbeit in den Einrichtungen.

Derartige Gespräche – ob ausschließlich intern oder mit externer Beteiligung – müssen ziel- und ergebnisorientiert geführt und damit entsprechend vorbereitet werden, um die Hilfeplanung o.ä. fortzuschreiben.

Hier ist die exakte Zielsetzung von grundlegender Bedeutung. Im Team sollte deshalb genau reflektiert werden:

- ›was gewesen ist‹ und
- ›wie es weitergehen soll‹.

Zielsetzung und Prognose müssen diskutiert und dokumentiert werden, auf diesen Gesichtspunkten basieren die künftigen Vereinbarungen und Handlungsweisen. Aus der gemeinsamen Reflexion und dem Verhandeln der Zielsetzungen unter Einbindung aller am Erziehungs-, Betreuungs- oder Pflegeprozess Beteiligten wird der für die inhaltliche Arbeit relevante Hilfe-, Betreuungs- oder Pflegeplan entwickelt, der wiederum nach einem abgesprochenen Zeitraum einem Soll-Ist-Abgleich unterzogen wird. Damit baut sich ein kontinuierlicher Prozess der Zielformulierung, Umsetzung der Ziele und Überprüfung der Arbeit auf.

Dokumentiert werden Zielvereinbarungen, Durchführungen und Zielüberprüfungen in klientenbezogenen Akten; damit wird ein Nachweis über die geleistete Arbeit geschaffen. In der Jugendhilfe gibt es hier noch eine zusätzliche Anforderung. Turnusmäßig müssen die Mitarbeiter/innen zur Entwicklung und zum Betreuungsverlauf der Kinder und Jugendlichen Stellung nehmen. Diese Betreuungsverlaufsberichte sind nicht selten ein ›rotes Tuch‹ für die Mitarbeiter/innen. Auch hier gilt die Prämisse des ›betrieblichen Maßstabs‹! Versuchen Sie gemeinsam Kriterien zu erarbeiten, die Sie bei der Erstellung der Betreuungsverlaufsberichte leiten können. Diese Kriterien können z.B. lauten:

- nicht nur Defizite beschreiben
- ganz bewusst die Stärken der Kinder/Jugendlichen sehen
- subjektive Bewertungen vermeiden
- Betreuungsverlaufsberichte aus einer situationsbezogenen Sichtweise formulieren

Den letzten Punkt sehen wir als den wichtigsten an.

Ein Kind/ ein/e Jugendliche/r ist nicht so oder so, sondern er/sie/es reagiert in bestimmten Situationen in dieser oder jener Weise. Dies erfordert sogenannte ›Wenn-dann-Formulierungen‹. Es heißt damit nicht mehr: »xxx ist aggressiv«, sondern: »Wenn xxx sich durch die Sticheleien anderer provoziert fühlt, dann reagiert er mit Wut- und Gewaltausbrüchen.«

Vergleichen Sie selbst einmal! Was können Sie mit der ersten Aussage anfangen? Wo setzen Sie in Ihrer pädagogischen Arbeit hier an?

»Schwer zu sagen«, mögen Sie sagen; so ist es! Ganz anders verhält es sich mit der zweiten Aussage. Hier können Sie verschiedene Ansatzpunkte für Ihre pädagogische Intervention erkennen: »Provokationen ertragen lernen«, »Reaktionen verändern« wären mögliche Zielsetzungen. Wenn Sie nun entsprechend konkrete Schritte in diese Richtung mit dem Kind/der/dem Jugendlichen vereinbaren, erhalten Sie auch eine konkrete Möglichkeit nach einer festgesetzten Zeit zu überprüfen, ob Ihre Maßnahmen erfolgreich waren.

Im übrigen ist eine derartige Vorgehensweise auch auf alle anderen Bereiche der Sozialen Arbeit übertragbar, ob Sie nun behinderte Menschen betreuen und einschätzen müssen oder alte Menschen pflegen und in ihren Fähigkeiten beurteilen müssen.

8 Die DIN ISO 9001:2000 – eine Orientierung für den Aufbau von QM-Systemen

Warum ISO-Norm? Wie lässt sich diese mit den Belangen der sozialen Arbeit vereinbaren? – Fragen, die wir häufig hören. Allerdings stellen wir zunehmend fest, dass sich hier die Einstellung zur ISO-Norm verändert hat.

Wurde vor wenigen Jahren eine Orientierung beim Aufbau eines QM-Systems an der ISO-Norm noch stark in Frage gestellt, so beschreiten heute viele Träger diesen Weg. Zum einen, weil die großen Ligaverbände (Caritas, AWO, Deutsches Rotes Kreuz, Paritäter, Diakonisches Werk) die ISO-Norm präferieren, zum anderen aber auch, weil die Anforderungen der Kostenträger an die Qualitätsentwicklung sich in weiten Teilen mit den Anforderungen der ISO-Norm decken.

Folgende Gegenüberstellung soll das verdeutlichen; dabei wird unterschieden in Anforderungen an Leistungsbeschreibungen und Anforderungen an einen Prozess der Qualitätsentwicklung

Anforderungen der Kostenträger:	Anforderungen an ein QM-System – nach der ISO-Norm:
Leistungsbeschreibungen sollen darlegen:	**ein QM-Handbuch legt dar:**
Trägerdarstellung Grundsätzliches Selbstverständnis ⇨ Leitbild	Qualitätspolitik und Qualitätsziele ⇨ Leitbild Erfassung und Umgang mit Kundenwünschen
Strukturen (träger- und einrichtungsbezogen:) • Organigramm • Aufgabenverteilung – Wer macht was?	**Strukturen** • hierarchische Strukturen ⇨ **Organigramm** • Verantwortung und Zuständigkeiten ⇨ **Stellenbeschreibungen**

Anforderungen der Kostenträger:	Anforderungen an ein QM-System – nach der ISO-Norm:
• Qualifizierung des Personals • Fortbildung • Supervision	• Qualifizierung des Personals • Fortbildung
• Kommunikation und Infofluss	• Kommunikation und Infofluss ⇨ mögl. Darstellung mittels **Konferenzstruktur**
• Dokumentationssystem	• Dokumentationssystem ⇨ mögliche Darstellung mittels **Dokumentenmatrix**
• Vernetzung/Kooperation	• Kooperation (Beschaffung ergänzender Leistungen)
Angebote/Leistungen • pädagogisches Leitbild (Methode) • Aufgaben • Zielstellungen • wichtige Eckpunkte • Zuständigkeiten • Dokumentation	**Grundsätze zu Schlüsselprozessen** • Aufgabenstellung • Zielsetzungen • Zuständigkeiten • Dokumentation • mitgeltende Unterlagen
Qualitätsentwicklungsbeschreibungen sollen darlegen:	**ein QM-Handbuch legt dar:**
Grundsätze der Entwicklung und Bewertung von Qualität • Qualitätszirkel; Q – AG • Ziele, Maßstäbe ⇨ Qualitätskriterien • Bewertung der Qualitätsentwicklung • Bewertung der geleisteten Arbeit	**Entwicklung und Verbesserung des QM-Systems** • Einsetzen eines Qualitätsbeauftragten • Qualitätszirkelarbeit • Qualitätsplanung • interne Audits – zur Bewertung der Wirksamkeit des QM-Systems
Schlüsselprozesse – insbesondere: • Aufnahmeverfahren/Beginn der Hilfe • Entlassung/Beendigung der Hilfe • Mitwirkung bei der Hilfeplanung • Alltagsgestaltung in ausgewählten Situationen • Intervention bei Krisen • Abstimm. mit und Einbeziehen vonEltern • Mitwirkung und Abstimmung in Planungsverfahren	**Verfahrensanweisungen** zu: • Aufnahme/Vertragsgestaltung • Entlassung • Einstellung/Einarbeitung neuer MA • Planung und Entwicklung von Angeboten (institutionell und individuell) • Umgang in Krisensituationen • Umgang mit Beschwerden • Umgang mit Kooperationspartnern
Maßnahmen zur Überprüfung • Qualitätsmerkmale und Indikatoren • ›Prüfpunkte‹ im Prozess • Bewertung der Arbeit – Soll-Ist	**›Messung, Analyse, Verbesserung‹** • Bewertung der Arbeit – Soll-Ist • ›Fehlervermeidung‹ – Reflexion der Arbeit • Verbesserung

Sie haben einen ersten Einblick bekommen, was die ISO-Norm einfordert; in der Gegenüberstellung mit den Anforderungen der Kostenträger wird deutlich, dass die Orientierung an der ISO-Norm ein durchaus sinnvoller Schritt für die sozialen Einrichtungen ist.

Wir formulieren es so: Es gibt quasi einen ›Pflichtteil‹ – bedingt durch die Vorgaben der Kostenträger – und einen ›Kürteil‹, der dann eine umfassende Ausrichtung des einrichtungsspezifischen QM-Systems an der ISO-Norm beinhaltet.

Grundsätzlich bliebe festzuhalten: Orientieren sich soziale Einrichtungen an der ISO-Norm, erfüllen Sie die Vorgaben der Kostenträger und machen gleichzeitig eine Zertifizierung ihres QM-Systems möglich. Noch ist diese Zertifizierung nicht gesetzliche Forderung – auf jeden Fall wird sie aus unserer Sicht zunehmend ein Wettbewerbsfaktor.

8.1 Allgemeine Forderungen der DIN ISO 9000:2000

Die DIN ISO 9000-er Reihe hat in den letzten Jahren eine Veränderung erfahren – eine Veränderung, die unserer Einschätzung nach, eine Anwendung auch im sozialen Bereich unterstützt.

Sie macht nicht mehr nur Normenvorgaben, sondern propagiert im Sinne eines TQM-Modells eine Philosophie, die auf den folgenden acht Grundsätzen basiert:

Die acht Grundsätze des Qualitätsmanagements der revidierten ISO-9000-Reihe (aus: Werbematerial der DGQ):

a) Kundenorientierung – Konsequente Kundenorientierung ist ein Grundstein des Qualitätsmanagements. Kundenerwartungen vorherzusehen und zu übertreffen zeichnet qualitätsbewusste Unternehmen aus:

- Die Bedürfnisse der Kunden werden im gesamten Unternehmen verstanden.
- Die internen Unternehmensziele sind direkt mit den Kundenerwartungen verknüpft.
- Die Fähigkeit des Unternehmens wird verbessert, die Kundenbedürfnisse in der Praxis zu erfüllen.
- Es wird sichergestellt, dass die Mitarbeiter/innen über die nötigen Kenntnisse und Fähigkeiten verfügen, um die Kunden zufrieden zu stellen.

b) Führung – Wie gut Zweck, Ausrichtung und internes Umfeld eines Unternehmens übereinstimmen, ist eine Frage der Führung. Die Führungskräfte erzeugen das Umfeld, in dem Menschen ihre Fähigkeiten entfalten und zum Wohl des ganzen einsetzen können. Wichtige Mittel hierzu sind das Leiten durch Vorbild, die Berücksichtigung beteiligter Interessensgruppen und die Entwicklung einer klaren Vision der unternehmerischen Zukunft.

- Eine klare Vision von der Zukunft des Unternehmens wird entwickelt und kommuniziert.
- Die Vision ist in messbare unternehmerische Ziele übersetzt.
- Die Mitarbeiter/innen werden in die Verwirklichung der Unternehmensziele miteinbezogen.
- Die Mitarbeiter/innen sind motiviert, kompetent, und es herrscht geringe Fluktuation.

c) Einbeziehung der Personen – Jedes Unternehmen ist so gut wie seine Mitarbeiter. Damit sie ihre Fähigkeiten einbringen und ihre Potentiale freisetzen können, ist es notwendig, die Mitarbeiter/innen in die Gestaltung der Entscheidungsprozesse einzubeziehen. Dazu ist es nötig, auf allen Ebenen das Engagement und die Problemlösungskompetenz zu fördern und die Mitarbeiter/innen zu ermutigen, aktiv nach Verbesserungsmöglichkeiten zu suchen.

- Die Mitarbeiter/innen tragen aktiv zur Verbesserung der Unternehmensstrategie bei.
- Die Mitarbeiter/innen machen sich die Ziele des Unternehmens zu eigen.
- Die Mitarbeiter/innen sind in Entscheidungen und Prozessverbesserungen einbezogen.
- Die Mitarbeiter/innen sind mit ihrer Arbeit zufriedener und stellen ihr persönliches Entwicklungspotential in den Dienst des Unternehmens.

d) Prozessorientierter Ansatz – Ergebnisse erreicht man effizienter, wenn man die dazu notwendigen Tätigkeiten und Ressourcen zusammenfasst und als einen Prozess handhabt. Dazu müssen die einzelnen Prozessschritte definiert werden, inhaltlich bestimmt (input und output) werden sowie die Schnittstellen mit den Funktionen des Unternehmens identifiziert werden. Schließlich müssen auch mögliche Fehlerquellen erkannt und Verantwortlichkeiten festgelegt werden, um einen einwandfreien Ablauf der Unternehmensprozesse zu garantieren.

- Die Prozesse sichern die Erfüllung der geplanten Ergebnisse und den effizienten Einsatz von Ressourcen.
- Die Kenntnis über die Leistungsfähigkeit der Prozesse fordert zur Entwicklung ehrgeiziger Unternehmensziele heraus.
- Durch konsequente Ausrichtung auf die Prozessorientierung werden Kosten reduziert und Fehlern wird vorgebeugt.
- Verbesserungspotentiale werden ausgeschöpft, da die entscheidenden Erfolgsfaktoren bekannt sind.

e) **Systemorientierter Managementansatz** – Jedes Unternehmen bildet ein komplexes Ganzes – und deshalb ist es wichtig, die Einzelprozesse im betrieblichen Ablauf in ihren Wechselwirkungen zu erkennen, zu leiten, zu lenken und zu verstehen. Nur so kann die Organisation festgelegte Ziele wirksam und effizient erreichen.

- Es werden umfassende und ehrgeizige Unternehmenspläne entwickelt, in denen funktionale und prozessbedingte Aspekte miteinander verbunden sind.
- Die Teilziele der Einzelprozesse sind mit den Leitzielen des Unternehmens auf einer Linie.
- Die Effektivität von Einzelprozessen wird überblickt und so können Fehlerursachen und Verbesserungspotential besser erkannt werden.
- Die Zuständigkeiten und Verantwortlichkeiten für übergeordnete Ziele werden koordiniert; Kompetenzüberschneidungen werden vermieden und Teamarbeit wird gefördert.

f) **Ständige Verbesserung** – »Wer aufhört, besser zu werden, hat aufgehört, gut zu sein«. Hinter diesem schlichten Statement verbirgt sich die Erkenntnis, dass Kompetenz und Qualität keine statischen, sondern dynamische Größen sind – und das gilt für Unternehmen wie für die dort tätigen Menschen. Deshalb ist es für den Unternehmenserfolg wichtig, dass die ständige Verbesserung von Produkten und Systemen übergeordnetes Ziel für jeden einzelnen Mitarbeiter wird.

- Ständige Verbesserung und strategische Planung werden zu wettbewerbsfähigeren Geschäftsplänen verbunden.
- Es werden realistische, messbare und ehrgeizige Verbesserungsziele gesetzt und die erforderlichen Mittel bereit gestellt.
- Die Mitarbeiter/innen sind in den Prozess der ständigen Verbesserung miteinbezogen.

- Alle Mitarbeiter/innen des Unternehmens sind in der Lage Prozesse/ Produkte/Systeme zu verbessern.

g) Sachbezogener Ansatz zur Entscheidungsfindung – effiziente Entscheidungen basieren auf der Analyse von Daten und Informationen. Nur wenn diese Daten und Informationen ständig neu erhoben und überprüft werden, können – vor dem Hintergrund von Erfahrung und unternehmerischer Intuition – sachgerechte Entscheidungen getroffen werden.

- Die Unternehmensstrategien werden mit klarem Sach- und Informationsbezug entwickelt.
- Durch die Einbeziehung relevanter Vergleichsdaten werden realistische und ehrgeizige Ziele verfolgt.
- Es werden anerkannte Methoden genutzt, um Daten zu analysieren und die Ergebnisse werden an den richtigen Stellen zur Verfügung gestellt; die Prozess- und Systemleistung des Unternehmens wird unter Einbeziehung von Daten und Informationen optimiert; Verbesserungsprozesse werden gesteuert und künftigen Problemen wird vorgebeugt.

h) Lieferantenbeziehungen zum gegenseitigen Nutzen – Alles hängt mit allem zusammen – und gerade Unternehmen sind auf gute Geschäftsbeziehungen zu ihren Lieferanten angewiesen. Nur so können beide Seiten optimal zur gemeinsamen Wertschöpfung beitragen. Dazu sind transparente Kommunikation, Verständigung über gemeinsame Ziele im Hinblick auf das Kundeninteresse und Kooperation bei der Entwicklung und Verbesserung von Produkten unverzichtbar.

- Durch die Entwicklung von strategischen Partnerschaften mit Lieferanten werden Wettbewerbsvorteile ausgebaut.
- Indem Lieferanten frühzeitig in die Arbeitsplanung miteinbezogen werden, werden ehrgeizigere Ziele entwickelt.
- Durch verbesserte Lieferantenbeziehungen werden Zuverlässigkeit, Pünktlichkeit und Fehlerfreiheit eingehender Waren sichergestellt.
- Die Leistungsfähigkeit der Lieferanten wird durch gemeinsame Trainingsmaßnahmen und gemeinsame Anstrengungen zur ständigen Verbesserung entwickelt und gestärkt.

Was unterscheidet nun die neue Norm von der alten?

Die bisher nebeneinander bestehenden Normen DIN ISO 9001, 9002 und 9003 wurden zu einer einzigen DIN ISO 9001:2000 zusammengefasst.

Forderungen, die dann nicht zutreffen, können ausgeschlossen werden. Die revidierte DIN ISO 9004:2000 bildet mit der DIN ISO 9001:2000 ein konsistentes Normenpaar und gibt Hilfestellung zur Entwicklung eines umfassenden Qualitätsmanagementsystems. Sie sind anwendbar in allen Bereichen und jeder Art von Organisation.

Die DIN ISO 9001:2000 weist eine prozessorientierte Struktur auf, will sich anwendungsfreundlicher erweisen und entspricht dem weitverbreiteten Ansatz des Prozessmanagements.

Was bedeutet die Veränderung für die Unternehmen?
Die neue Norm ist seit Dezember 2000 in Kraft; gleichzeitig gibt es eine Übergangsregelung: es wurde ein Übergangszeitraum verabredet, der weltweit einheitlich auf drei Jahre festgesetzt wurde. Der Übergangszeitraum beginnt mit der Veröffentlichung der internationalen Ausgabe der DIN ISO 9001:2000 und endet drei Jahre nach dieser Veröffentlichung.

Zertifikate, die auf der Grundlage der letztgültigen Fassung (1994) der DIN ISO 9001, 9002 und 9003 ausgestellt wurden, bleiben maximal drei Jahre nach der Veröffentlichung der DIN ISO 9001:2000 gültig.

Für bereits zertifizierte Unternehmen bedeutet das: nur Unternehmen, die im Jahr 2000 noch nach dem alten Stand zertifiziert wurden, können sich diese genannten maximal drei Jahre Zeit lassen.

Daraus ergibt sich folgender Maßnahmekatalog:

- Analyse des notwendigen Handlungsbedarfs sofort.
- Umsetzung der Maßnahmen spätestens im Jahr 2001.
- Umstellen der Zertifizierungsgrundlage auf die neue Normenfassung spätestens im Jahr 2002.

QM-Einsteiger beginnen mit der neuen Fassung, denn mit der Veröffentlichung der DIN ISO 9001:2000 kann sich ein Unternehmen ab sofort nach der neuen Fassung zertifizieren lassen.

Was hat sich geändert?
Die neue Fassung weist eine logische Gliederung der Norminhalte auf. Waren die Anforderungen der Norm bisher in 20 Elemente gegliedert, so gibt es jetzt 4 Abschnitte nach dem Modell des prozessorientierten Ansatzes:

- **Verantwortung der Leitung** (Abschnitt 5 bzw. Kapitel 5 der Norm)
- **Ressourcenmanagement** (Abschnitt 6 bzw. Kapitel 6 der Norm)
- **Produktrealisierung** (Abschnitt 7 bzw. Kapitel 7 der Norm)

- **Messung, Analyse, Verbesserung** (Abschnitt 8 bzw. Kapitel 8 der Norm)

Die Inhalte der ›alten‹ 20 Elemente werden bis auf wenige Details übernommen und finden sich – je nach Zuordnung – in einem der neuen Abschnitte wieder. Dabei werden einige Forderungen präzisiert, andere ergänzt.

Die wesentlichen Erneuerungen bzw. Veränderungen lassen sich wie folgt beschreiben:

- Die Betonung des kontinuierlichen Verbesserungsprozesses (KVP) als wichtiger Schritt zur weiteren Optimierung des QM-Systems;
- eine stärkere Betonung der Verantwortung der Leitung in Bezug auf ihre Verpflichtung zur Entwicklung und Verbesserung des QM-Systems;
- die Forderung nach systematischer Ermittlung der Kundenerwartungen und nach Bewertung der Kundenzufriedenheit als Maß für die Wirksamkeit der erbrachten Leistung und damit auch des QM-Systems;
- die Forderung nach Berücksichtigung der Bedürfnisse und Nutzen aller interessierter Kreise;
- die Forderung nach Berücksichtigung gesetzlicher und behördlicher Forderungen und Vorgaben;
- die Forderung nach stärkeren Beachtung und Berücksichtigung der Verfügbarkeit von Ressourcen;
- die Forderung nach Vorgabe von messbaren Zielen in und auf den entsprechenden Bereichen und Ebenen;
- die Forderung nach einer Erfolgsbewertung von Schulungsmaßnahmen;
- die Forderung, Messungen/Überprüfungen auf System, Prozess und Produkt/Dienstleistung auszuweiten;
- die Forderung nach einer Analyse der erfassten Daten über die Leistung und Wirksamkeit des QM-Systems.

Veränderungen, die den Aufbau und die Pflege des QM-Systems erleichtern:

- Eine wesentliche Reduzierung der geforderten Systemdokumentation;
- geänderte bzw. verbesserte Definitionen von Begrifflichkeiten;
- eine größere Kompabilität mit der Norm über Umweltmanagementsysteme.

Was fordern die Abschnitte im einzelnen?

Bevor wir auf die Hauptabschnitte

- **Kapitel 5) Verantwortung der Leitung**
- **Kapitel 6) Ressourcenmanagement**
- **Kapitel 7) Produktrealisierung**
- **Kapitel 8) Messung, Analyse, Verbesserung**

eingehen noch einen kurzen Blick auf das Kapitel 4 der Norm ›Forderungen an das Qualitätsmanagementsystem‹, das folgende grundlegende Aussagen macht:

Die Organisation muss diejenigen Prozesse festlegen und ausführen, die notwendig sind, um sicherzustellen, dass das Produkt den Forderungen des Kunden entspricht. Als Mittel zur Einführung und Darlegung der festgelegten Prozesse muss die Organisation ein QM-System aufbauen, das den Forderungen dieser internationalen Norm entspricht.

Das QM-System muss von der Organisation eingeführt, aufrechterhalten und verbessert werden. Die Organisation muss die QM-Verfahren ausarbeiten, die die zur Einführung des QM-Systems erforderlichen Prozesse beschreiben.

Auswahl und Umfang der QM-Verfahren müssen von Faktoren abhängen wie Art und Größe der Organisation, Komplexität und Wechselwirkung der Prozesse, verwendete Methoden sowie Kenntnisse und Schulung der die Arbeit ausführenden Mitarbeiter/innen. Hierzu müssen gehören:

a) QM-Verfahren, die die erforderlichen Tätigkeiten zur Einführung des QM-Systems beschreiben.

b) Verfahren, die die Abfolge und Wechselwirkung von Prozessen beschreiben, die zur Erreichung fehlerfreier Produkte bzw. Dienstleistungen erforderlich sind.

c) Anweisungen, die die Ausführungspraxis und die Lenkung der Prozesstätigkeiten beschreiben.

Im folgenden werden die Forderungen der genannten Hauptabschnitte in einer Übertragung auf den sozialen Bereich interpretiert. Wir benutzen dazu dieses Darstellungsschema:

Normenforderung:	Umsetzung und Aktivitäten	mögliche Dokumentation:
Hier stellen wir die grundsätzlichen Forderungen des jeweiligen Kapitels oder Unterkapitels der Norm vor.	Hier erläutern wir, wie die Normenforderungen konkret umgesetzt werden können.	Hier werden mögliche Dokumentationsformen benannt, die die Erfüllung der Normenforderungen nachvollziehbar machen können.

Anmerkung: Wir verfahren in dieser Art und Weise, weil wir sozialen Einrichtungen die Verknüpfung mit den Qualitätsanforderungen erleichtern wollen, die in den länderspezifischen Rahmenvereinbarungen zu relevanten Gesetzestexten benannt werden (z.B: in den Rahmenvereinbarungen zum § 93 BSHG – für die Behindertenhilfe, zum § 78 a-g SGB VIII (KJHG) – für die Jugendhilfe, zum § 80/81 SGB XI – für die Pflege etc.).

Bevor wir uns den Kapiteln 5, 6, 7 und 8 der ISO-Norm zuwenden noch eine Ergänzung zu den Normenforderungen in Kapitel 4.

Kapitel 4 der ISO-Norm enthält auch Forderungen hinsichtlich der Dokumentation. Diese finden Sie im Folgenden auf Seite 107. Wir haben sie dort in die schematische Darstellung integriert.

8.2 ISO-Norm – Kapitel 5: Verantwortung der Leitung

Allgemeines:

Kundenorientierung ist wesentlicher Teil der Leitungsverantwortung. Die oberste Leitung muss sicherstellen, dass Kundenbedürfnisse und -erwartungen in verwertbare Anforderungen umgesetzt werden. Darüber hinaus muss sie ihr Engagement bei der Erfüllung von Kundenforderungen an Produkte/Dienstleistungen demonstrieren, z.B. durch die Schaffung und Erhaltung von Bewusstsein über die Erfüllung von Kundenanforderungen, die Einführung von Qualitätspolitik und -zielen, die Sicherstellung der Verfügbarkeit der Mittel, die Einführung und Überwachung eines Qualitätsmanagementsystems, welches sicherstellt, dass Produkte/Dienstleistungen den vorgeschriebenen Anforderungen genügen.

Aufgaben der Leitung, die sich aus diesen Anforderungen ableiten:

- Ein klares ›Ja‹ abgeben zum Vorhaben, ein QM-System zu entwickeln und zu implementieren;
- Mittel – wie Zeit und Raum – zur Verfügung stellen, Mitarbeiter/innen informieren und schulen;
- die Qualitätspolitik formulieren und entsprechend Ziele und Qualitätsindikatoren ableiten; ein Leitbild entwickeln, aus dem strategische und operative Ziele hergeleitet werden:

Normenforderung	Umsetzung und Aktivitäten	mögliche Dokumentation bzw. Verweise auf:
	Erste Schritte zum Aufbau und zur Implementierung eines QM-Systems: • umfassende Information an alle Mitarbeiter/innen • Qualifizierung von Mitarbeiter/innen • Qualitätszirkelarbeit initiieren; Qualitätsbeauftragte/n benennen Es gilt der Grundsatz der ›Machbarkeit‹!	
Ermittlung der Kundenbedürfnisse sowie der gesetzlichen Anforderungen	• Kundenbedürfnisse und -anforderungen ermitteln; das Ziel ist, Kundenvertrauen zu gewinnen: - Gespräche führen - Rückmeldungen erbitten - regelmäßige Befragung durchführen • Kundenanforderungen in der Einrichtung transparent machen. • Kundenanforderungen mit dem Arbeitsauftrag abgleichen und modifizieren - Mitarbeiter-/Teamgespräche über den Stellenwert von Kundenanforderungen führen - Kundenforderungen mit Blick auf ›Machbarkeit‹ reflektieren.	• Marktanalysen • Auswertung von Kundenbefragungen • Gesprächnotizen, -protokolle • Kundenmitteilungen: Hinweise, Anregungen, Vorgaben von Ämtern und Kostenträgern • Beschwerden • Reklamationen • Regelwerke • Konzeption/ Leistungsbeschreibung
Festlegung und Umsetzung einer geeigneten Qualitätspolitik	• Eine geeignete Qualitätspolitik formulieren, festlegen, vermitteln, umsetzen, überwachen und anpassen: - Leitbild und Leitziele erarbeiten und als Grundlage für die Arbeit unterstreichen - den Mitarbeitern/innen die Leitziele vermitteln und sie zur Umsetzung in den Handlungsalltag motivieren.	• Leitbild • Mitarbeiterinformationen wie z.B. Aushänge • Schulungspläne und -nachweise für QM-Inhalte, Bedeutung, Aufbau und Implementierung des QM-Systems

	Wichtig! Die Bedürfnisse des Unternehmens und seiner Interessenspartner in die Formulierung der Q-Politik einbeziehen.	
Formulierung von Qualitätszielen für jede relevante Funktion und Ebene	• Nachvollziehbare und messbare Q-Ziele entsprechend der Q-Politik festlegen und in der Einrichtung kommunizieren, dabei: - Leitziele und Qualitätskriterien beachten *Anmerkung:* Qualitätskriterien lassen sich aus den entsprechenden Gesetzestexten, länderspezifischen Rahmenvereinbarungen und fachlichen Anforderungen herleiten und sind z.B: Transparenz, Fachlichkeit, Beteiligung, Vernetzung und auch Wirtschaftlichkeit - Indikatoren als Meßgrößen bestimmen - Fristen und Maßnahmen zur Überprüfung und Überarbeitung festlegen.	• Mitarbeiterinformationen • interne/externe Zielvereinbarungen sowohl auf normativer Ebene (Leitbild/Leitziele), auf strategischer Ebene (Konzeption/Leistungsbeschreibung) und auf operativer Ebene (Handlungsanweisungen) • Übersicht – Zielsetzungen und Kenngrößen • Aktionspläne
Ermittlung und Durchführung von Qualitätsplanung	• Aktivitäten und Ressourcen zur Erreichung der Q-Ziele praxisgerecht planen und festlegen: - Schritte in der Q-Planung abstecken, dabei alle erforderlichen Prozesse des QM-Systems berücksichtigen - Qualitätsmerkmale festlegen – unter Beachtung der erforderlichen Ressourcen und der Art und Weise der Dienstleistungserbringungdie ›Machbarkeit‹ im Auge behalten, d.h. alle Planungsergebnisse müssen auf die strukturellen Randbedingungen und gesetzlichen Vorgaben abgestellt sein.	• Anforderungsprofile bzgl. Dienstleistung und Ressourcen gesetzlicher Vorgaben • Steuerungsgrundlagen, Leistungsbeschreibungen/Konzeption • Mittel-/ Ressourcenplanung und -nachweise • Qualitätspläne • Vorgaben für Verfahrens- und Prozessabläufe • Maßnahmepläne und Aktionspläne

Festlegung von Verantwortungen und Befugnissen	• Aufgaben, Verantwortungen, Zusammenwirkung und Befugnisse von Mitarbeitern/ innen regeln und bekanntmachen: - Organigramm entwickeln - entsprechende Stellenbeschreibungen anfertigen - Stellenbeschreibungen an die Mitarbeiter/innen aushändigen	• Organigramm • Stellenbeschreibungen
Benennen eines Beauftragten der obersten Leitung	• Eine/n sogenannten Qualitätsbeauftragte/n ernennen, die/der für den Aufbau, die Implementierung und die Aufrechterhaltung des QM-Systems zuständig ist. *Wichtig!* – Die/Der QB gehört zum Führungskreis in der Einrichtung. Sie/Er sollte unabhängig sein und in keine anderen Funktionsbereiche involviert sein. • Weitere Aufgaben der/des QB's: sie/er muss der obersten Leitung regelmäßig über die Wirksamkeit des QM-Systems und über notwendige Verbesserungen berichten und sie/er muss das Bewusstsein für Kundenanforderungen innerhalb des Unternehmens sicherstellen.	• dokumentierte Benennung • Qualifikationsnachweis (nicht ausdrücklich eingefordert) • QM-Berichte (turnusmäßig) • Statusberichte und andere Auswertungen (bzgl. der Wirksamkeit des QM-Systems) z.B. Auditberichte • Aushänge • Schulungspläne
Festlegung von Verfahren der internen Kommunikation	• Interne Kommunikationsstrukturen aufbauen, die sicherstellen, dass alle Funktionsebenen und entsprechend qualitätsrelevante Tätigkeiten erreicht werden: - Konferenzstruktur zusammenstellen und ggf. den Erfordernissen anpassen - Regelungen zur Protokollierung von Besprechungen entwickeln und den Umgang mit den entsprechenden Protokollen vereinbaren	• Konferenzstruktur • Nachweise über regelmäßige Besprechungsrunden • Besprechungsprotokolle der Teamsitzungen u.a.

Erstellung, Freigabe und Herausgabe des Qualitätsmanagementhandbuchs	• QM-Handbuch erstellen und verbindlich in Kraft setzen; es muss enthalten: - die Beschreibung des QM-Systems, seiner Abläufe Zusammenhänge - die Darstellung des betrieblichen Maßstabs, d.h. Verfahrensanweisungen, Checklisten und weitere Dokumente für qualitätsrelevante Prozesse - die Festlegung von Verantwortungen und Zuständigkeiten entsprechend der hierarchischen Einrichtungsstruktur	• QM-Handbuch, Verfahrensanweisungen und andere mitgeltende Unterlagen
Sicherstellung der Lenkung von Dokumenten und Daten	• Übersicht schaffen über die qualitätsrelevante Prozessdokumentation, dabei: - Verfahren zur Lenkung aller erforderlichen internen und externen Dokumente einführen und überwachen, d.h.: Erstellung, Prüfung, Freigabe, Überarbeitung, Verteilung und Verfügbarkeit regeln - Fristen und Verfahren zur Kennzeichnung, Archivierung und Vernichtung festlegen - sicherstellen, dass ungültige Dokumente nicht verwendet werden	• Dokumentenmatrix • Verteilerschlüssel • interne und externe Ausgabe- und Empfangsnachweise • Verzeichnis externer Dokumente
Sicherstellen der Lenkung von Qualitätsaufzeichnungen	s.o.	• Auftragsaufzeichnungen, Verträge, Hilfe-/Förder-/Pflegepläne, Protokolle, Verlaufsdokumentation, Dienstbücher, Akten etc. *Anmerkung:* Qualitätsaufzeichnungen umfassen Vorgabe- und Nachweisdokumente

Durchführung der periodischen Überprüfung des QM-Systems durch die oberste Leitung	• Angemessene Zeitabstände für das sogenannte ›Review‹ festlegen; hierbei werden das QM-System, die Q-Politik und die Q-Ziele auf Eignung, Umsetzung und Wirksamkeit überprüft und beurteilt. • Korrektur- und Vorbeugemaßnahmen initiieren und verfolgen. • Verbesserungen einleiten.	• Bericht über Managementreview, dabei sind zu berücksichtigen: Q-Politik, Q-Ziele, Leitbild, Beschwerden und Zufriedenheitsäußerungen, Veränderungen im Handeln, Verbesserungsmaßnahmen, Ressourcenbedarf, konzeptionelle Weiterentwicklung, Auditergebnisse

8.3 ISO-Norm – Kapitel 6: Ressourcenmanagement

Allgemeines

Das Unternehmen muss die zum Aufbau, Erhalt und zur Verbesserung des QM-Systems benötigten Ressourcen festlegen und bereitstellen. Es muss sicherstellen, dass Personen, deren Tätigkeiten sich auf die Qualität der Produkte/Dienstleistungen auswirken, die entsprechende Ausbildung und Erfahrung besitzen. Die festgelegte Infrastruktur und die psychischen und physischen Bedingungen der Arbeitsumgebung müssen geeignet sein, die Qualität der Produkte/Dienstleistungen sicherzustellen. Verfahren zur Informationslenkung müssen den Zugang und Schutz von Informationen regeln, um Glaubwürdigkeit und Verfügbarkeit zu gewährleisten.

Normenforderung	Umsetzung und Aktivitäten	mögliche Dokumentation bzw. Verweise auf:
Zuordnung von Personal	• Bei allen personalbezogenen Aktivitäten sicherstellen, dass Mitarbeiter/innen entsprechend ihrer Aufgaben ausgewählt, qualifiziert und eingesetzt werden: - Anforderungsprofile erarbeiten - Einstellungsverfahren regeln - Einarbeitung neuer Mitarbeiter/innen planen und entsprechend der entwickelten Vorgaben durchführen	• Anforderungsprofile • Stellenbeschreibungen • Personalplanung • Dienstpläne/ Urlaubspläne

Sicherstellung von Kompetenz, Schulung, Qualifikation und Bewusstsein	• Schulungs- und Fortbildungsbedarf regelmäßig ermitteln. • Schulungen und Fortbildungen entsprechend planen und durchführen (sowohl intern als auch extern). • Erfolge überprüfen • für den ›Rückfluss‹ der Fortbildungsinhalte sorgen (Mitarbeiter/innen dabei einbinden). • Fortbildner bewerten und Bewertungen in der künftigen Planung berücksichtigen. • Methoden zur Bewusstseinsbildung der Mitarbeiter/innen auswählen und umsetzen, dabei geht es um: - die Bedeutung und Einhaltung der Q-Politik und Q-ziele des Leitbildes - die Anforderungen des QM-Systems - den Einfluss der eigenen Tätigkeit auf die Qualität - den Vorteil einer verbesserten persönlichen Leistung - die Folgen der Nichteinhaltung festgelegter Verfahren	• Nachweis der Bedarfsermittlung für Schulung, Unterweisung, Ausbildung, Fortbildung, Supervision • Fortbildungspläne • Qualifikationsnachweise • Arbeitsverträge • Verfahren von Abmahnungen • Wege der Leitbilddiskussion • Mitarbeitergespräche
Festlegen und Bereitstellen von benötigten Informationen und Wissen	• Verfahren zur Informationslenkung aufbauen und überwachen, damit das Wissen in Bezug auf Prozesslenkung und in Bezug auf die Sicherstellung fehlerfreier Produkte/Dienstleistungen erhalten und aktualisiert werden kann. • Absprachen über den Informationsaustausch treffen und den Mitarbeiter/innen übermitteln. • Zugang zu und Schutz von Daten sichern.	• Hausmitteilungen • Fachzeitschriften • gesetzliche Vorgaben und Normen • Daten von Interessenspartnern • Akten etc. • Dienstbücher

Festlegung der notwendigen Infrastruktur	• Die benötigte Infrastruktur ermitteln, auswählen, bereitstellen und aufrechterhalten, dazu gehört: - für geeignete Arbeitsräume, sonstige Räumlichkeiten und Einrichtung sorgen - adäquate Arbeitsmittel zur Verfügung stellen - Instandhaltung der Räumlichkeiten und der Ausstattung gewährleisten - unterstützende Dienstleistungen in diesem Bereich ermitteln und organisieren (z.B. Fahrdienste, Reinigungsdienste etc.)	• Mittelplanung • Instandhaltungspläne und -nachweise • Sachberichte und Jahresberichte
Gestalten einer geeigneten Arbeitsumgebung	• Psychische und physische Bedingungen des Arbeitsplatzes ermitteln. • Maßnahmen des Arbeits- und Gesundheitsschutzes festlegen und durchführen. • Verfahren und Maßnahmen zur Arbeitsplatzgestaltung und -verbesserung sowie zur Aufrechterhaltung eines positiven Betriebsklimas festlegen und umsetzen.	• Aufzeichungen über Mitarbeiterbefragungen • Dokumentation über Förder- und Motivationsmaßnahmen • Nachweise über Umsetzung der Arbeitssicherheit • Notfallpläne

8.4 ISO-Norm – Kapitel 7: Produktrealisierung

ISO-Norm 7.1 Allgemeines

Das Unternehmen muss Verfahren und Methoden festlegen, um Prozesse, deren Abläufe und Zusammenhänge im stetigen Betrieb zu planen, zu lenken und zu dokumentieren, mit dem Ziel, das vom Kunden gewünschte Ziel sicherzustellen. Dabei sind die Ergebnisse der Qualitätsplanung zu berücksichtigen. Die Prozesse müssen unter beherrschten Bedingungen ablaufen. Die Verfahren müssen unter anderem auch die Maßnahmen zur Messung, Lenkung, Überwachung und Kontrolle sowie die Bereitstellung und Verfügbarkeit von Informationen und Daten sichern.

ISO-Norm 7.2 Kundenbezogene Prozesse – ›Regeln der Kundenbeziehungen‹

Verpflichtung des Unternehmens zur Planung und Lenkung von Design und Entwicklung von Produkten und Dienstleistungen. Die dafür erstellten Pläne müssen die jeweiligen Prozessstufen des Design- und Entwicklungsprozesses, die notwendigen Maßnahmen zur Überprüfung, Verifizierung und Validierung sowie die Verantwortlichkeiten und Befugnisse für die entsprechenden Aktivitäten festlegen und die entsprechenden Schnittstellen berücksichtigen, um eine wirksame Kommunikation und eine klare Aufgabenverteilung sicherzustellen.

Normenforderung	Umsetzung und Aktivitäten	mögliche Dokumentation
Ermittlung der Kundenanforderungen	• Verfahren zur Ermittlung und Analyse der Kundenanforderungen einführen, wie: - systematische Befragung an festgelegten Prozesspunkten - turnusmäßige Kundenbefragung - Kundenanforderungen analysieren i.B. auf: Umfang und Vollständigkeit der Anforderungen und vom Kunden nicht spezifizierte Anforderungen; berechtigte und nicht berechtigte Anforderungen; gesetzliche Vorschriften und Verpflichtungen; Forderungen bzgl. Verfügbarkeit und Kundendienst	• Aufzeichnungen über Anfragen • Checklisten zur Anfrageauswertung • Aufzeichnungen über Rücksprachen mit den Kunden • Beschwerdeprotokolle • Vorgaben der Ämter; Gesetzestexte • Dokumente über die Vertragsprüfung • Trendanalysen • Marktstudien
Prüfen und Bewerten der Kundenanforderungen und Einschätzen der Fähigkeit, diese Anforderungen zu erfüllen	• Kundenanforderungen vor Vertragsabschluss eingehend auf ›Machbarkeit‹ überprüfen. • Vertrags- und Auftragsforderungen mit den einrichtungsspezifischen Kompetenzen abgleichen.	• Aufzeichnungen über Rücksprache mit den Kunden • Checklisten zur Überprüfung auf ›Machbarkeit‹ • Konzeption/Leistungsbeschreibung

	• Widersprüche zu Forderungen benennen und festhalten; Änderungen vereinbaren.	• Heimverträge/ Betreuungsverträge • Hilfe-/Förder-/ Pflegepläne • Zielanpassung
Kommunikation zum Kunden	• Verfahren beschreiben, die die Kommunikation mit dem Kunden regeln. • Entsprechende Verfahren ggf. an veränderte Rahmenbedingungen und Kundenerwartungen anpassen. • Kommunikationsanforderungen, d.h. Häufigkeit und Umfang definieren bezüglich: - der Information über die Dienstleistung - der Abwicklung von Anfragen, Aufnahmen (Aufträgen) und Änderungen im Vertrag und in verabredeten Zielsetzungen (Zielformulierungen im Rahmen der Hilfe-/Förder-/Pflegeplanung - des Umgangs mit Beschwerden und daraus erwachsender Informationsaufgaben - sonstige Formen der Rückmeldungen von Seiten der Kunden	• Werbematerial, Flyer etc. • Gesprächsprotokolle • Kundenbefragungen und deren Auswertungen • Zielvereinbarungen; Zielveränderungen • Entwicklungsberichte/ • Betreuungsverlaufdokumentation • Hausordnung/ Hausregeln

ISO-Norm 7.3 Allgemeines zu Design und Entwicklung – ›Angebotsplanung und Angebotsentwicklung‹

Verpflichtung des Unternehmens zur Planung und Lenkung von Design und Entwicklung (Angebotsplanung und Angebotsentwicklung der Produkte bzw. Dienstleistungen). Die dafür zu erstellenden Pläne müssen die jeweiligen Prozessstufen und Planungsprozesse, die notwendigen Maßnahmen zur Überprüfung, Verifizierung und Validierung sowie die Verantwortlichkeiten und Befugnisse für die entsprechenden Aktivitäten festlegen und die entsprechenden Schnittstellen berücksichtigen, um eine wirksame Kommunikation und eine klare Aufgabenverteilung sicherzustellen.

Normenforderung	Umsetzung und Aktivitäten	mögliche Dokumentation
Festlegung und Dokumentation der zu erfüllenden Design- und Entwicklungsaufgaben	• Ermitteln der Kunden- bzw. Marktansprüche für eine bedarfsgerechte Planung, wobei rechtliche Vorgaben zu beachten sind. • Überprüfen der Ansprüche auf ›Machbarkeit‹; Prüfgrundlage sind strukturelle und personelle Randbedingungen und Möglichkeiten der konzeptionellen Veränderung/Erweiterung. • Klären von nicht klaren, möglicherweise modifizierbaren Anforderungen. • Festlegen der Aufgabenstellung.	Auf institutioneller Ebene: • Kundenbedarfsanalysen • Trendentwicklungen; Marktanalysen Machbarkeitsstudien • Weiterentwicklung der Konzeption • Rahmenkostenpläne/ Kostensatzvereinbarungen Auf individueller Ebene: • Kundenerwartungen • Zielformulierungen • Hilfe-/Förder-/ Pflegepläne • Fortschreibung der Zielvereinbarungen • Tages-/Wochenpläne
Aufzeichnung der Design- und Entwicklungsergebnisse	• Konkrete Zielvereinbarungen auf allen Ebenen formulieren und dokumentieren. • Überprüfen und genehmigen der Planungsdokumente.	• s.o.
Periodische Durchführung systematischer Design- und Entwicklungsüberprüfungen	• Eine systematische Überprüfung der Angebotsplanung in geeigneten Phasen festlegen. • Bewertungsteams bestimmen. • Angebote bewerten mit Blick auf ihre Fähigkeit, die gesetzten Anforderungen zu erfüllen. Sind die im Rahmen der Angebotsentwicklung aufgezeigten Zielvereinbarungen realistisch und machbar und entsprechen sie gleichzeitig den Leitzielen und Qualitätskriterien der Einrichtung? • Bei eventuellen Problemstellungen Vorschläge zu Lösungen entwickeln und darlegen.	• Entwicklungsentwürfe/ Konzeptionierung neuer Angebote • Risikoanalysen (FMEA)

	• Bewertungsergebnisse dokumentieren; ebenso die sich daraus ergebenden Maßnahmen wie Freigabe oder Veränderung.	
Planung, Durchführung und Dokumentation der Design- und Entwicklungsverifizierung	• Angebotsplanung kontinuierlich überprüfen und reflektieren.	• s.o
Definition, Planung, Durchführung und Dokumentation der Design- und Angebotsvalidierung	*Anmerkung:* ›Verifizieren‹ und ›validieren‹ sind Begriffe, die in ihrer Abgrenzung zueinander in der sozialen Arbeit wenig nachvollziehbar sind.	
Lenkung von Design- und Entwicklungsänderungen	›Verifizierung‹ bedeutet die Bestätigung mittels einer Untersuchung, dass festgelegte Forderungen erfüllt wurden. ›Validierung‹ bedeutet die Bestätigung mittels einer Untersuchung, dass festgelegte Forderungen für einen spezifischen Gebrauch erfüllt sind. Beispiel: Ein Mixer, dessen Knethaken sich bei Stromzufuhr drehen, hält der Verifizierung stand; der Validierung erst dann, wenn er im tatsächlichen Einsatz auch Kuchenteig knetet. Hier stoßen wir in der Interpretation der ISO-Norm für den sozialen Bereich auf Grenzen.	• Schriftliche Änderungswünsche vom Kunden: - veränderte gesetzliche Vorgaben - veränderte Randbedingungen • Zustimmung der Verantwortlichen/ Interessenspartner/ Kunden • Modifizierung der Hilfe-/ Förder-/ Pflegepläne

ISO-Norm 7.4 Allgemeine Forderungen zur Beschaffung – ›Beschaffung von ergänzenden Leistungen und/oder Produkten‹

Festlegung eines Verfahrens zur Lenkung des Beschaffungsprozesses einschließlich der Auswahl und Bewertung von geeigneten Lieferanten unter Berücksichtigung der Ergebnisse der Wareneingangsprüfung. Durchführung von Lieferantenaudits. Die Ergebnisse der Auswertung der entsprechenden Lieferantenbewertung sollten in einer Lieferantenliste dokumentiert werden.

Normenforderung	Umsetzung und Aktivitäten	mögliche Dokumentation
Festlegung von Beschaffungs-angaben	• Verfahren festlegen, wie ergänzende Dienstleistungen hinzugezogen werden. • Liste über mögliche Kooperationspartner erstellen. • Kooperationsformen regeln und festlegen wie z.B. - Informationsaustausch.	• Konzeption/Leistungsbeschreibung • Anträge, Formulare, Bewilligungen • Auswahlliste bzgl. der Kooperationspartner
Verifizierung von beschafften Produkten	• Bewertungskriterien festlegen. • Ergänzende Dienstleistungen mit den einrichtungsspezifischen Qualitätszielen und -anforderungen abgleichen.	• s.o.

ISO-Norm 7.5 Allgemeine Forderungen zur Produktion und Dienstleistungserbringung

Festlegung eines Verfahrens zur Produktion und zur Dienstleistungserbringung, unter Berücksichtigung der Verfügbarkeit von Produkt- und Arbeitsspezifikationen, einer geeigneten Instandhaltung, einer geeigneten Arbeitsumgebung und geeigneten Arbeits- sowie Prüfmitteln, geeigneter Überwachungs- oder Verifizierungstätigkeiten sowie angemessener Freigabeverfahren.

Normenforderung	Umsetzung und Aktivitäten	mögliche Dokumentation
Festlegung der Kennzeichnung und Rückverfolg-barkeit	• Verfahren und Methoden festlegen, mit denen eine Rückverfolgbarkeit in der Erbringung der Dienstleistung sichergestellt werden kann. • Art und Weise der konkreten Dokumentationsformen absprechen.	• Dienstpläne • Dienstbücher • Klientenakten, Bewohnerbücher, Medikamentenpläne • Verlaufsdokumentation

Umgang mit Kundeneigentum	• Sicherstellen, dass sorgfältig mit Kundeneigentum – im Rahmen der Beistellung und Überlassung – umgegangen wird (dazu gehört auch ›geistiges‹ Eigentum) • Umgang bei Beschädigung oder Verlust des Kundeneigentums regeln • klären, ob Kundeneigentum im Rahmen der Betreuung z.B. zum Sanktionieren eingesetzt werden kann?!	• Bestandslisten über Kundeneigentum
Produkterhaltung: Handhabung, Verpackung, Lagerung, Konservierung, Versand	• Angemessene Handhabung, Kennzeichnung, Verpackung, Lagerung, Konservierung und Versand von Produkten während der internen Verarbeitung oder Auslieferung regeln und absichern.	• Entsprechend der Umsetzung dieser Normenforderung z.B: - Hygienepläne nach den H.A.C.C.P.-Richtlinien -Nachweise über Lagerung von Medikamenten o.ä.
Sicherstellung der Prozessvalidierung	• Sämtliche Dienstleistungsprozesse ermitteln, die nicht auf einfache Art und Weise überprüft werden können. • Sicherstellen und dokumentieren, dass die Prozesse und das Personal geeignet sind, die Anforderungen zu erfüllen.	
Überwachung der Prüfmittel	• Anmerkung: es ist jeweils zu klären, ob dieser Aspekt für die Einrichtung relevant ist!	

Ergänzung: Im Rahmen der sozialen Arbeit wird die Dienstleistung in der Regel in einem ›**uno-acto-Prinzip**‹ erbracht. Das bedeutet: Dienstleistungserbringung und -inanspruchnahme fallen untrennbar zusammen. Qualitätsentwicklung und -sicherung erfordert daher, sich im Vorfeld über entscheidende Prozesse im Rahmen des Dienstleistungsangebots klar zu werden und diese in Form von Standards – als Ausdruck für einen betrieblichen Maßstab

– zu beschreiben. Sowohl Qualitätsziele – entsprechend dem Leitbild und der Konzeption/Leistungsbeschreibung – wie auch Qualitätskriterien* müssen dabei berücksichtigt werden und in den erarbeiteten Verfahrensanweisungen und Checklisten ihren Ausdruck finden.

Folglich ist neben den schon angeführten Normenforderungen ein Aspekt aus der ›alten‹ Norm von besonderer Bedeutung, der in der ›neuen‹ Fassung u.E. etwas untergeht, obwohl er in einleitenden Erklärungen zum Unterpunkt 7.5 Produktion und Dienstleistungserbringung durchaus Beachtung findet: die Identifikation von Schlüsselprozessen und die Regelung dieser qualitätsrelevanten Prozesse. Wir nehmen diesen Aspekt im folgenden auf.

*Qualitätskriterien in der sozialen Arbeit ergeben sich z.B. aus den Gesetzesvorgaben, länderspezifischen Rahmenvereinbarungen und auch dem jeweils geltenden fachlichen Anspruch. Als **Qualitätskriterien** lassen sich dementsprechend beispielsweise folgende Gesichtspunkte benennen: **Transparenz, Fachlichkeit, Beteiligung, Integration, Lebensweltorientierung, Ganzheitlichkeit; Vernetzung, Wirtschaftlichkeit etc.**. Dies alles sind Forderungen und damit auch Zielsetzungen, die durch die inhaltlichen Arbeit gewährleistet werden müssen. Entsprechend müssen Qualitätsindikatoren (Kenngrößen) formuliert werden, die den Grad der Zielerreichung und damit die Beachtung der Qualitätskriterien meßbar werden lassen.

Normenforderung	Umsetzung und Aktivitäten	mögliche Dokumentation
Identifikation von Schlüsselprozessen *Schlüsselprozesse sind die Prozesse, die mit der effektiven und wirksamen Erreichung der Ziele und Zielsetzungen in Zusammenhang stehen.* *Zur Identifizierung der Schlüsselprozesse gehört die Offenlegung von Schnittstellen zu anderen Arbeitsbereichen der Einrichtung.* *Bei der Identifizierung solcher Prozesse sollten die Bedürfnisse aller Interessenpartner bedacht werden.*	• Die Schlüsselprozesse werden benannt; es werden Standards entwickelt in Form von Verfahrensanweisungen, Checklisten etc. • Als wichtige Schlüsselprozesse im Rahmen der sozialen Arbeit gelten: - die Aufnahme - die Entlassung - die Hilfe-/Förder-/Pflegeplanung - die Einstellung und Einarbeitung neuer MA - der Umgang mit Krisen/Gefahrensituationen - Informationsweitergabe - der Umgang mit Beschwerden - Kooperation mit Eltern/Angehörigen - Kooperation mit Ämtern - Zusammenarbeit mit Kooperationspartnern - interne Audits - Kundenbefragungen - fachlicher Austausch - Zielveränderungen Beispiele für weitere Schlüsselprozesse besonders im Betreuungsbereich: - pädagogische Alltagssituationen - Dienstplanung Auch im Verwaltungsbereich lassen sich in der Regel Schlüsselprozesse benennen wie z.B.: - Postlenkung - Informationsfluss - Aufgabenverteilung etc.	• Verfahrensanweisungen/Checklisten – also Standardbeschreibungen – zu den entsprechenden einrichtungsspezifisch benannten Schlüsselprozessen mitgeltende Unterlagen wie z.B.: Berichte Gesprächsprotokolle Formulare/Anträge Laufzettel Pläne Listen etc.

8.5 ISO-Norm – Kapitel 8: Messung, Analyse, Verbesserung

Allgemeines

Festlegen und Einführen eines Mess-, Überwachungs-, Analyse- und Verbesserungsprozesses, der die Anforderungen an die Produkte/Dienstleistungen nachweist und dessen Ergebnisse in die Bewertung der Wirksamkeit des QM-Systems einfließen.

Normenforderung	Umsetzung und Aktivitäten	mögliche Dokumentation
Messung und Überwachung der Wirksamkeit des QM-Systems	• Ein Verfahren einführen, das die Wirksamkeit ermittelt, dazu gehört: - Qualitätsziele festlegen - Ergebnisse analysieren *Wichtig:* die Kundenzufriedenheit muss dabei als ein Maß für die Leistungsfähigkeit des QM-Systems gelten!	• Protokolle/Berichte über interne Audits, Management-Review, Mitarbeiterzufriedenheit
Messung und Überwachung der Kundenzufriedenheit	• Eine Methode entwickeln, durch die die Kundenzufriedenheit – und damit auch das Kundenvertrauen – erfasst und bewertet werden kann ⇨ Kundenbefragungen. Dazu gehören auch: - Analysen durchführen - Maßnahmen ableiten - Zielvorgaben festlegen - Erfolgskontrollen durchführen	• Gesprächsprotokolle/ Protokolle über die Überprüfung von Zielvorgaben • Auswertung von Kundenbefragungen • Maßnahmepläne • Protokolle von Erfolgskontrollen
Durchführung interner Qualitätsaudits	• Einführen und ständiges Weiterführen von internen Q-Audits. • Festlegen, ob das implementierte QM-System sich nach den Anforderungen der internationalen Norm richtet und ob es wirksam umgesetzt und aufrechterhalten wird.	• Auditpläne • Qualifikationsnachweise der Auditoren/innen • Auditberichte • Maßnahmepläne für Korrektur- und Verbesserungsmaßnahmen

	Das Auditverfahren muss enthalten: - eine Ablaufplanung der zu auditierenden Aktivitäten, Bereiche und Prozesse - die Benennung und Ausbildung der Auditoren/innen • Dokumentieren der Ergebnisse des internen Audits, d.h.: - festgelegte Abweichungen - die Kontrolle der Wirksamkeit von Korrekturmaßnahmen - die Empfehlung zu Verbesserungen • Die Ergebnisse des internen Audits dem auditierten Bereich mitteilen.	
Messung und Überwachung der Prozesse diese Normenforderung bildet im sozialen Bereich mit der folgenden eine ›Einheit‹: es geht um die Benennung von Ergebnisqualität den ›Soll-Ist‹-Abgleich	• Geeignete Meßmethoden auswählen, die die Einhaltung der formulierten Zielsetzungen (Soll-Ist-Abgleich in Bezug auf die mit den Kunden gemeinsam vereinbarten Ziele) gewährleisten.	• Qualitätsaufzeichnungen: Vorgabe- und Nachweisdokumente: Konzeption/Leistungsbeschreibung, Handlungsleitfäden, Kriterienkataloge, Protokolle, Berichte • Zielvorgaben • Aktionspläne
Messung und Überwachung der festgelegten Anforderungen an Produkte/ Dienstleistungen	• Durch den kontinuierlichen fachlichen Austausch und die Rücksprache mit den Kunden die ›Dienstleistung‹ überwachen.	• s.o.
Lenkung, Bewertung und Behandlung von Fehlern	• Fehlerdefinition voranstellen: ›Was betrachten wir als Fehler?‹ Das ›uno-acto-Prinzip‹ lässt nicht zu, dass die Normenforderung in ihrem eigentlichen Sinn – sicherstellen, dass Produkte, die nicht den Forderungen entsprechen, nicht versehentlich gebraucht oder ausgeliefert werden – umgesetzt wird.	• Protokolle • Kundeninformationen • Aktionspläne • Zielveränderungen

	Aber: • Absprachen treffen, wie im Fall nicht errichteter oder nicht erreichbarer Zielvereinbarungen verfahren werden soll (Zielveränderungen).	
Datenanalyse zur Verbesserung des QM-Systems	• Eine systematische Analyse geeigneter Daten als ein Mittel zur Verbesserung des QM-Systems einführen. Dazu gehört die Analyse von: - internen Audits - Korrekur- und Vorbeugemaßnahmen - nicht anforderungsgerechte Dienstleistungen - Beschwerden - Kundenzufiredenheitsäußerungen	• Auditberichte • Aufzeichnungen über Kundenkritiken • Qualitätsberichte
Verfahren von Prozessen zur kontinuierlichen Verbesserung	• Verfahren zur kontinuierlichen Verbesserung des QM-Systems einführen. Diese Verfahren müssen die Anwendung und Umsetzung der Q-Politik, Q-Ziele, Auditergebnisse, Datenanalyse, Korrektur- und Vorbeugemaßnahmen und die QM-Bewertung zwecks kontinuierlicher Verbesserung beschreiben.	• Protokolle von Q-Zirkeln • Aktionspläne • Management-Review
Einführung von Korrekturmaßnahmen	• Verfahren einführen, mit denen die ›Fehlerursachen‹ ermittelt und beseitigt werden können. Dazu gehört: - Fehleridentifikation, -erfassung und -zuordnung - Fehlerursachen analysieren - Zuständigkeiten für Korrekturmaßnahmen festlegen - Korrekturmaßnahmen durchführen - Erproben – soweit möglich	• Zielveränderungen • Vertragsänderungen • Schulungspläne • Schulungsnachweise • Beschwerdeanalysen • Aktionspläne

	- die Wirksamkeit der Korrekturmaßnahmen verfolgen; z.B. gezielte Rückmeldungen beim Kunden einholen - ggf. Änderungen der Zielvereinbarungen bzw. Vertragsänderungen	
Durchführung von Vorbeugemaßnahmen	Ein Verfahren einführen, mit dem die Gründe potentieller Fehler beseitigt werden können. Dazu gehört: - Fehlererfassung; Fehlerzuordnung - Ursachenermittlung - Risikoanalyse - Ergebnisse der Ursachenerforschung bewerten - Zuständigkeiten und Vorbeugemaßnahmen festlegen - durchführen von Vorbeugemaßnahmen - erproben – soweit möglich - Wirksamkeit der Vorbeugemaßnahmen verfolgen und dokumentieren	• Schulungspläne • Schulungsnachweise • Gesprächsprotokolle • Risikoanalysen • Problemanalysen

9 Das QM-Handbuch – orientiert an der ISO 9001:2000

›Nachvollziehbarkeit‹ und ›Rückverfolgbarkeit‹ sind die maßgeblichen Stichworte auch in Bezug auf die Dokumentation im Rahmen des Qualitätsmanagements. Dazu sind gewisse Formalien zu erfüllen.
Alle Dokumente, die das QM-System darlegen, unterliegen bestimmten Lenkungskriterien.

Sie müssen transparent machen:
- Wer die entsprechenden Dokumente erstellt hat.
- Wer sie geprüft und freigegeben hat.
- Für welchen Bereich sie gültig sind.
- Welche Ausgabe sie darstellen.
- Und auch welchen Datums sie sind.

Sie erreichen das, indem Sie quasi ein Layout für die sogenannten Handbuchseiten erstellen, das diesen Anforderungen entspricht.
Folgende Angaben sollte die Handbuchseite enthalten:

Name der Einrichtung	Qualitätsmanagement Handbuch	Kapitel

erstellt: Q-Zirkel	geprüft: QB	freigegeben: GF	Ausgabe:	Datum

9.1 Bedeutung und Funktion des QM-Handbuchs

Das QM-Handbuch beschreibt das QM-System und – nimmt man die DIN ISO 9001:2000 als Grundlage – orientiert sich in seinem Aufbau an den 4 Blöcken in der ›neuen‹ Fassung.

Sind Sie Qualitätsbeauftragte/r in Ihrer Einrichtung fällt Ihnen die Aufgabe zu, dieses Handbuch zu erstellen und im weiteren zu pflegen.

Alle Veränderungen erlangen erst durch die Freigabe der dafür verantwortlichen Stelle Gültigkeit. Da Verbesserungen im Sinne des Qualitätsverständnisses eingeplant sind, müssen Änderungsdokumente folglich leicht in das Handbuch zu integrieren sein.

Praxistipp:
Handbücher – besonders die sogenannten Arbeitsexemplare – bestehen daher aus einer ›losen Blattsammlung‹, die es Ihnen ermöglicht ungültig gewordene Ausgaben problemlos gegen gültige auszutauschen.

Die Funktion des QM-Handbuchs als Arbeitsmittel hat zur Folge, dass es als Eigentum des Unternehmens gewertet wird und damit Dritten nicht zur Einsicht überlassen werden darf. Daraus folgt, dass meist zwei QM-Handbuchfassungen erarbeitet werden: eine, in der die Unternehmensziele, die Qualitätspolitik und die Leitgedanken zum QM und zu den einzelnen Kapiteln der ISO-Norm formuliert sind, die aber keine konkreten Verfahrensanweisungen zur Prozesslenkung enthält. Diese Form der Handbücher, die Sie eher als Werbeträger nutzen, können Sie in ansprechender Aufmachung erstellen bzw. erstellen lassen und an Interessierte weitergeben. Die andere Fassung, das ›eigentliche‹ QM-Handbuch enthält dann – ergänzend oder auch separat – die konkreten Handlungs- und Verhaltensvereinbarungen in Form von Verfahrensanweisungen, Checklisten u.ä. Dieses Handbuch wird in entsprechender Anzahl an die Mitarbeiter/innen oder auch die Einrichtungsbereiche verteilt; der Empfang wird mittels Unterschrift bestätigen. Das unterstreicht den verbindlichen Charakter des Handbuchs als Handlungsvorgabe. Es dient den Mitarbeiter/innen als Hilfsmittel zur Strukturierung ihrer Arbeit und fordert gleichzeitig zur inhaltlichen Fortschreibung auf. Bei einer angestrebten Zertifizierung wird das QM-Handbuch Grundlage für das externe Audit. Die Auditoren fordern es ein, verschaffen sich über die niedergelegten Aussagen einen Einblick in Ihr QM-System und formulieren dann Fragen zur Überprüfung der Wirksamkeit.

Bei der Auditbefragung in Ihrem Unternehmen vor Ort müssen Sie dann unter Beweis stellen, dass die Maßnahmen zur Qualitätssicherung allen Mitarbeiter/innen bekannt und von Ihnen auch umgesetzt werden. Es ist also notwendig, allen Mitarbeiter/innen diesen Stellenwert des Handbuchs zu vermitteln und Sie darauf hinzuweisen, jede Veränderungen zur Kenntnis zu nehmen.

9.2 Muster für ein QM-Handbuch im sozialen Bereich

Das Deckblatt könnte beispielsweise so aussehen:

QM-Handbuch ›Einrichtung xyz‹

Ausgabe: 1

erstellt: Qualitätsbeauftragte / bzw. Qualitätszirkel
freigegeben: Geschäftsführung

Das QM-Handbuch bleibt Eigentum der ›Einrichtung xyz‹ und darf ohne Genehmigung nicht vervielfältigt oder Dritten zur Einsicht überlassen werden.

›Seite 2‹ des QM-Handbuchs würde dann folgendermaßen lauten können:

QM-Handbuch – Exemplar Nr. 1 (bzw. die entsprechend der Anzahl ausgegebener Handbücher Nummerierung)

Dieses Exemplar des QM-Handbuchs wird zum dienstlichen Gebrauch und zur Information zur Verfügung gestellt.

ausgegeben am: ....

....

Geschäftsführung

entgegengenommen: ....

in Vertretung für das Team

Einrichtung XYZ	QM-Handbuch	
	A: Allgemeines	**A1:** Geltungsbereich

Gliederung		Bezug DIN ISO 9001:2000
Punkte	**Titel**	
A	**Allgemeines**	
A1	Geltungsbereich des QM-Systems	
A2	Inkraftsetzung	
A3	Aufbau und Benutzung des QM-Handbuchs	
A4	Vorwort	
A5	Begriffe und Definitionen	
A6	Abkürzungsverzeichnis	
B	**Führung und Organisation**	
B1	**Verantwortung der Leitung**	**Kapitel 5**
B.1	Grundsätze	5.1
B1.2	Qualitätspolitik	5.3
B1.2.1	Gesetzliche Grundlagen	
B1.2.2	Leitbild	5.3.
B2	**Organisation des Unternehmens**	
B2.1	Organigramm	5.5
B2.2	Stellenbeschreibungen	5.5.1
B3	**Umsetzung der Qualitätsaufgaben**	
B3.1	Organisation des Qualitätsmanagementsystems	4. /5.5.2
B3.1.1	Qualitätszirkelarbeit	
B3.1.2	Kommunizieren von QM-Inhalten	
B3.2	Qualitätsplanung – Überwachung der Zielerreichung	5.4
B3.3	Verknüpfung der Prozesse und ihre Wechselwirkung	4.1
B3.4	Bewertung und ständige Verbesserung des QM-Systems	5.6/8.2.

erstellt:	Freigabe:	Ausgabe 1	vom	Seite: 1 von 5

Einrichtung XYZ	QM-Handbuch	
	Gliederung	

B3.5	Vorbereitung und Begleitung externer Audits	
B3.6	Umgang mit Dokumenten und Daten	4.2
B3.6.1	Dokumentenübersicht	4.2
B3.7	Ermittlung und Umgang mit denAnforderungen von Interessenspartnern (Kundenerwartungen)	5.2 7.2./8.2
C	**Personal- und Ressourcenmanagement**	**Kapitel 6**
C1	**Führungsgrundsätze**	
C1.1	Mitarbeitergespräche	6.2
C1.2	Personalplanung und Zuordnung – Stellenschlüssel	6.2
C1.2.1	Dienstplanung	
C1.3	Teamstruktur und Teambildung	
C1.3.1	Bezugsbetreuersystem	
C1.4	Einstellung und Einarbeitung neuer Mitarbeiter/innen	
C1.5	Personalentwicklung – Fortbildung, Schulung, Supervision	6.2.2
C1.6	Interne Kommunikation	5.5.3
C1.7	Sachmitteleinsatz – Räumlichkeiten, Arbeitsräume, Arbeitsmittel –	6.3
C1.8	Arbeitsleistung – Arbeitssicherheit	6.4
C2	**Qualitätslenkung im betriebswirtschaftlichen Bereich**	**Kapitel 6/ 7.5**
C2.1	Grundsätze	
C2.2	Prozessbeschreibungen	
C2.2.2	Wirtschaftsplanung	
C2.2.3	Leistungsabrechnung	
D	**Erbringung der Dienstleistung**	**Kapitel 7**
D1	**Grundsätze**	

erstellt:	Freigabe:	Ausgabe 1	vom	Seite: 2 von 5

Einrichtung XYZ	QM-Handbuch	
	Gliederung	

D1.1	Fachliches Leitbild – Pädagogisches Konzept	
D1.2	Dokumentation als Instrument der Qualitätssicherung	7.5
D2	**Schlüsselprozesse**	**7.5/7.4**
D2.1	Aufnahme/Beginn der Hilfe	
D2.1.1	Grundsätze	
D2.1.2	Prozessbeschreibung	
D2.2	Entlassung/Beendigung der Hilfe	
D2.2.1	Grundsätze	
D2.2.2	Prozessbeschreibung	
D2.3	Hilfeplanung	
D2.3.1	Grundsätze	
D2.3.2	Prozessbeschreibung	
D2.4	Betreuungsprozess – Pädagogischer Alltag	
D2.4.1	Grundsätze	
D2.4.2	Prozessbeschreibung	
D2.5	Umgang in Krisensituationen	
D2.5.1	Grundsätze	
D2.5.2	Prozessbeschreibung	
D2.6	Kooperation mit Eltern/Angehörigen	7.2.3
D2.6.1	Grundsätze	
D2.6.2	Prozessbeschreibung	
D2.7	Kooperation mit anderen Dienstleistern	7.4/7.2.3
D2.7.1	Grundsätze	
D2.7.2	Prozessbeschreibung	
D2.8	Umgang mit Kundeneigentum	7.5.3
D2.8.1	Grundsätze	

erstellt:	Freigabe:	Ausgabe 1	vom	Seite: 3 von 5

Einrichtung XYZ	QM-Handbuch	
	A: Allgemeines	**A1:** Geltungsbereich

D2.8.2	Prozessbeschreibung	
D2.9	Einrichtungsspezifische Schlüsselprozesse	
D2.9.1	Grundsätze	
D2.9.2	Prozessbeschreibungen	
D2.9.2.1	n.n. – z.B. spezielles Beratungsangebot	
D2.9.2.2	n.n. etc.	
D2.10	Hauswirtschaft und Hausservice	7.5
D2.10.1	Grundsätze	
D2.10.2	Prozessbeschreibung z.B	
D2.10.2.1	Hauswirtschaft in der Gruppe	
D2.10.2.2	Reinigung	
D2.10.2.3	Essensversorgung	
D2.10.2.4	Haustechnik	
D2.11	Verwaltung	7.5
D2.11.1	Grundsätze	
D2.11.2	Prozessbeschreibung z.B.	
D2.11.2.1	Büroorganisation	
D2.11.2.2	Einkauf	
D2.11.2.3	Personalwesen etc.	
D2.12	Mitwirkung (im Sinn von Beteiligung wie z.B. Heimparlament etc.)	7.2/7.2.3
D2.12.1	Grundsätze	
D2.12.2	Prozessbeschreibung	
D2.13	Marketing	
D2.13.1	Grundsätze	
D2.13.2	Prozessbeschreibung z.B.	
D2.13.2.1	Entwicklung neuer Dienstleistungen – Institutionelle Angebotsplanung und Entwicklung –	7.3

erstellt:	Freigabe:	Ausgabe 1	vom	Seite: 4 von 5

Einrichtung XYZ	QM-Handbuch	
	A: Allgemeines	**A1:** Geltungsbereich

D2.13.2.2	Vermarktung der Dienstleistung	
D2.13.2.3	Öffentlichkeitsarbeit	
E	**Messung, Analyse, Verbesserung**	**Kapitel 8 (7)**
E1	**Ableiten von Kenngrößen/Indikatoren zur Zielüberprüfung**	**5.4**
E2	**Ergebnisprüfung und Bewertung**	
E2.1	Teambesprechungen	8.2.2./8.2.4/ 8.3ff
E2.2	Fallbesprechungen	8.5ff
E2.3	Supervision	
E2.4	Evaluation der Arbeit	8.4/8.5
E3	**Maßnahmen der Qualitätssicherung**	
E3.1	Reflexion von Kundenzufriedenheit	8.2.1.1/7.2.2
E3.1.1	Kundenbefragungen	
E3.2	Beschwerdemanagement	7.2.3

erstellt:	Freigabe:	Ausgabe 1	vom	Seite: 1 von 3

Einrichtung XYZ	**QM-Handbuch**	
	A: Allgemeines	**A1:** Geltungsbereich

A1 Geltungsbereich des QM-Systems

Inhalt des QM-Handbuchs

Hier beschreiben Sie, für welchen Bereich ihrer Einrichtung das vorliegende Handbuch Gültigkeit hat; z.B:

Das Qualitätsmanagementsystem, das mit dem vorliegenden Handbuch dargelegt wird, gilt für ...
Einrichtung; Einrichtungsteile benennen

Das Qualitätsmanagementhandbuch ist Grundlage für die Arbeit und wird daher allen Mitarbeitern/innen entsprechend dem nachstehenden Verteiler zugänglich gemacht.
Ebenso werden alle späteren Änderungen nach diesem Verteiler ausgegeben.

Jeweils 1 Exemplar des QM-Handbuchs wird ausgegeben an:

Verteiler benennen, z.B:

Beispiel

QM-Handbuch Nr. 1 ⇨ Geschäftsführung/Leitung
QM-Handbuch Nr. 2 ⇨ Bereichsleitung A
QM-Handbuch Nr. 3 ⇨ Bereichsleitung B
QM-Handbuch Nr. 4 ⇨ Team A
QM-Handbuch Nr. 5 ⇨ Team B
QM-Handbuch Nr. 6 ⇨ Team C
QM-Handbuch Nr. 7 ⇨ Verwaltung/Sekretariat
QM-Handbuch Nr. 8 ⇨ Hauswirtschaft etc.

erstellt:	Freigabe:	Ausgabe 1	vom	Seite: 1 von 1

Einrichtung XYZ	**QM-Handbuch**	
	A: Allgemeines	**A2:** Inkraftsetzung

A2 Inkraftsetzung

Inhalt des QM-Handbuchs

Hier beschreiben Sie, welche Absprachen und Regelungen für die Inkraftsetzung gelten sollen:

Beispiel

1. Mit der Ausgaben der Exemplare des QM–Handbuchs an die einzelnen Teams und Bereiche treten die Absprachen und Regelungen des Qualitätsmanagementsystems in Kraft.

2. Sie behalten ihre Gültigkeit bis im Rahmen der Qualitätszirkelarbeit anders lautende Vereinbarungen erarbeitet und diese dann von der Geschäftsführung/Leitung der ... ***Einrichtung benennen*** freigegeben werden.

3. Die Mitarbeiter/innen, die in Vertretung für ihr Team die jeweiligen Veränderungen entgegennehmen, tauschen die bisherigen Formulierungen gegen die neuen im QM-Handbuch aus und informieren ihre Teamkollegen/innen darüber. Alle Mitarbeiter/innen sind verpflichtet, sich die Veränderungen anzueignen.

oder:

Es ist Aufgabe der/des Qualitätsbeauftragten die freigegebenen Veränderungen in die im Umlauf befindlichen QM-Handbücher einzubringen.

erstellt:	Freigabe:	Ausgabe 1	vom	Seite: 1 von 1

Einrichtung XYZ	**QM-Handbuch**	
	A: Allgemeines	**A3:** Aufbau und Benutzung

A3 Aufbau und Benutzung des QM-Handbuchs

Inhalt des QM-Handbuchs

Hier beschreiben Sie wichtige Randbedingungen für die Benutzung des Handbuchs – wie z.B:

1. Das vorliegende QM-Handbuch orientiert sich in seinem Aufbau an der DIN ISO 9001:2000 und dokumentiert das Qualitätsmanagementsystem der ... ***Einrichtung benennen***

2. Grundsätzliches Ziel ist, Qualität – als Struktur-, Prozess- und Ergebnisqualität – zu erzeugen und zu sichern.

Die Handlungsvorgaben im Zusammenhang mit eindeutiger Verantwortungsverteilung und klar geregelter Zuständigkeit sind für die Mitarbeiter/innen verbindlich und so abgefasst, dass fachkompetentem und eigenverantwortlichem Handeln Freiraum belassen wird.

Prioritäten liegen daher zum einen bei der Regelung von organisatorischen und informellen Aspekten. Zum anderen werden Leitlinien in der pädagogischen Arbeit unterstrichen, damit nicht Beliebigkeit sondern Verlässlichkeit und Kontinuität die Arbeit der ***Einrichtung xyz*** bestimmt.

3. Erstellt wurde das QM-Handbuch im Rahmen der Qualitätszirkelarbeit unter Leitung der/des eingesetzten QB.

erstellt:	Freigabe:	Ausgabe 1	vom	Seite: 1 von 3

Einrichtung XYZ	QM-Handbuch	
	A: Allgemeines	**A3:** Aufbau und Benutzung

4. Änderungen und Ergänzungen erlangen durch die Freigabekennzeichnung der Leitung ihre Gültigkeit.

5. Das Handbuch wird (vgl. A2 Inkraftsetzung) entsprechend dem Verteiler an die verschiedenen Bereiche und Teams ausgegeben.

Es legt den betrieblichen Maßstab dar und dient den Mitarbeiter/innen als Orientierung im pädagogischen Alltag und fordert gleichzeitig zur regelmäßigen Reflexion und damit verbunden zur inhaltlichen Fortschreibung auf.

6. Das QM-Handbuch enthält – neben der Darlegung der Absprachen zum Aufbau und zur Pflege des Qualitätsmanagementsystems – alle Grundsatzäußerungen für die inhaltliche Arbeit in der ***Einrichtung xyz,*** die von den Qualitätszielen und damit vom Leitbild und weiteren z.B. gesetzlichen Vorgaben abgeleitet werden.

7. Darüber hinaus legt das Handbuch strukturelle Regelungen offen, wie sie im Rahmen der Aufbauorganisation entwickelt wurden.

Hierzu zählen: Organigramm, Stellenbeschreibungen, Übersicht über die Dokumentation, Übersicht über den Informationsfluss und fachlichen Austausch aber auch andere Absprachen im Rahmen des Personal- und Ressourcenmanagements.

8. Vervollständigt wird das QM-Handbuch durch Prozessbeschreibungen zu sogenannten Schlüsselprozessen im Rahmen der sozialen Arbeit (vgl. Kapitel D Erbringung der Dienstleistung).

erstellt:	Freigabe:	Ausgabe 1	vom	Seite: 2 von 3

Einrichtung XYZ	QM-Handbuch	
	A: Allgemeines	**A3:** Aufbau und Benutzung

Prozess-beschreibungen

9. Die Dokumentation der Schlüsselprozesse im QM-Handbuch wird unter folgenden Gesichtspunkten aufgebaut:

- Grundsätze – immer im Abgleich mit dem Leitbild und der Qualitätspolitik
- Zielsetzung i.B. auf den Schlüsselprozess
- Geltungsbereich
- Mitgeltende Unterlagen/Schnittstellen (z.B. zu anderen Schlüsselprozessen)
- Unterlagen zum betrachteten Schlüsselprozess wie z.B:
  - Flussdiagramm
  - Hinterlegung – das bedeutet ergänzende Erläuterungen – zum Flussdiagramm
  - Rasterdarstellung von Qualitätszielen und -merkmalen
  - Verfahrensanweisungen im Fließtext
  - Checklisten ...
    (Beispiel: Checkliste ›Aufnahmetag‹)
  - Gesprächsleitfaden...
    (Beispiel: für die Hilfekonferenz)
  - Musterformblätter...
    (Beispiel: Aufnahmebogen)

Die Aufzählung variiert in Bezug auf den jeweils betrachteten Schlüsselprozess.

So kann beispielsweise ein Schlüsselprozess durch ein Flussdiagramm und ergänzende Hinterlegungen dargestellt sein und durch Checklisten oder Gesprächsleitfäden und Formblätter komplettiert werden. Ein anderer Schlüsselprozess wird dagegen über eine Verfahrensanweisung im Fließtext dargelegt.

erstellt:	Freigabe:	Ausgabe 1	vom	Seite: 3 von 3

Einrichtung XYZ	**QM-Handbuch**	
	A: Allgemeines	**A4:** Vorwort

A4 Vorwort

Inhalt des QM-Handbuchs

Hier beschreiben Sie:

- *Welche Beweggründe hat die Einrichtung zu einem QM veranlasst?*

- *Was verbinden Sie mit einem QM?*
- *Was erwarten Sie von einem QM?*

- *Welche Schwerpunkte setzen Sie beim Aufbau eines QM's? u.ä.*

Anmerkung

Das Vorwort sollte von der Leitung verfasst werden. Dadurch wird die Überzeugung unterstrichen, die Leitung in Verbindung mit dem Prozess ›Qualitätsmanagement‹ einbringen muss.

erstellt:	Freigabe:	Ausgabe 1	vom	Seite: 1 von 1

Einrichtung XYZ	QM-Handbuch	
	A: Allgemeines	**A5:** Begriffe und Definitionen

A5 Begriffe und Definitionen

Inhalt des QM-Handbuchs

Hier führen Sie alle Begriffe auf, die im Handbuch verwendet werden und zum Verständnis noch einmal definiert werden sollen wie z.B.:

Beispiel

Im QM-Handbuch werden Begriffe auftauchen, die für die Mitarbeiter/innen entweder so bisher nicht geläufig waren bzw. die einer gesonderten Erklärung bedürfen, damit ein einheitliches Verständnis darüber herrscht.

Im folgenden Glossar sind daher wichtige Termini aus dem Bereich des Qualitätsmanagements aufgeführt und erläutert.

Aufbauorganisation – der Teil im QM, der sich mit den strukturellen Regelungen befasst, wie z.B. Organisationsstruktur, Aufgabenverteilung, Informationsfluss, Konzeption bzw. Angebotsbeschreibung, Sicherung der Ressourcen, Mitarbeiterpflege

Ablauforganisation – der andere Teil im Qualitätsmanagement, der sich mit den Prozessen respektive der Regelung der Abläufe von Prozessen befasst.

Betrieblicher Maßstab – gemeinsame Verabredungen, die Beliebigkeit verhindern. Sie beschreiben die vom Unternehmen verantwortete Vorgehensweise, abgestellt auf die vorhandenen Ressourcen und getragen von den formulierten Leitzielen.

erstellt:	Freigabe:	Ausgabe 1	vom	Seite: 1 von 6

Einrichtung XYZ	QM-Handbuch	
	A: Allgemeines	**A5:** Begriffe und Definitionen

Dokumentation – im Rahmen des QM's wichtige Aufgabenstellung. Die Dokumentation wird prozessstützend und -sichernd eingesetzt und muß entsprechend verabredet werden. Sie soll unter der Maßgabe »angemessen« erstellt werden.

ISO – Abkürzung für »International Standard Organization«

Kunde:

Kunde – aus den Termini der Industrie und Wirtschaft entliehener Begriff. Er kennzeichnet das Beziehungsgeflecht zwischen Dienstleister und Abnehmer der Dienstleistung. Im Rahmen des Paradigmenwechsels von der Fürsorge und Wohlfahrt zum Rechtsanspruch auf eine soziale Dienstleistung hilft er durchaus die Stellung des Hilfeempfängers und seine Erwartungen an den Dienstleister zu verdeutlichen. Dennoch: im Qualitätsmanagement wird der Begriff »Kunde« weitergefasst: er beschreibt quasi jeden, mit dem die Einrichtung in Interaktion steht.

Kundenorientierung – eine Säule des QM's, die Kundenorientierung und damit verbunden die Ausrichtung auf die Kundenerwartungen muß sich in den Handlungsvereinbarungen widerspiegeln.

Leistungsbeschreibung – geht über die Darlegung des bloßen Leistungsangebots hinaus. Es wird nicht nur beschrieben, »was« getan wird und »wer« das macht und für »wen« und „womit« gearbeitet wird, sondern auch »wie« die Zielsetzungen umgesetzt werden sollen.

erstellt:	Freigabe:	Ausgabe 1	vom	Seite: 2 von 6

Einrichtung XYZ	QM-Handbuch	
	A: Allgemeines	**A5:** Begriffe und Definitionen

Leitbild – Grundsatzziele des Unternehmens, die Handlungsvorgabe für alle Mitarbeiter/innen werden.

Qualität – die Erfüllung der Erfordernisse. Das setzt die Formulierung von Bezugsgrößen voraus, die wiederum abhängig sind, von den sogenannten Randbedingungen für »Qualität« wie den gesetzlichen Vorgaben, den Unternehmenszielen, den Kundenerwartungen und der Marktlage/dem Wettbewerb.

Qualitätsdimensionen – Unterscheidung des Begriffs »Qualität« in die Bereiche Struktur-, Prozess- und Ergebnisqualität, denen vom Kostenträger bestimmte Parameter zur Darlegung der Qualität zugeordnet sind.

Strukturqualität – bezieht sich auf die Voraussetzungen, die geschaffen sein müssen, um eine Dienstleistung zu erbringen bzw. ein Produkt zu erstellen. Sie umfasst folglich bauliche, technische, personelle und finanzielle Aspekte und den Organisationsaufbau.

Prozessqualität – bezieht sich auf das konkrete Handeln und wird über Aussagen darüber, wie die Dienstleistung erbracht werden muss (z.B. die Planung. die Durchführung, die Dokumentation von Betreuungsmaßnahmen) beschrieben.

Ergebnisqualität – bezieht sich auf das Ergebnis einer Dienstleistung (oder Produktionsweise) und lässt über festgelegte Qualitätsmerkmale (Indikatoren) die Aussage zu, ob die angestrebten Zielsetzungen erreicht wurden. De facto bemisst

erstellt:	Freigabe:	Ausgabe 1	vom	Seite: 3 von 6

sich Ergebnisqualität an einem sogenannten Soll-Ist-Vergleich.

Qualitätsmanagement – bündelt alle Aktivitäten, die erforderlich sind »Qualität« zu entwickeln und abzusichern. Die wichtigen Aufgabenbereiche sind der strukturelle Aufbau, die Entwicklung eines betrieblichen Maßstabs, die Erprobung und Überprüfung der Handlungsvereinbarungen und nicht zuletzt die Dokumentation. Grundlage dafür ist eine konsequente Zielorientierung und die unbedingte Kundenorientierung. Das erfordert, die Kundenwünsche und -erwartungen ernsthaft zu ermitteln und zu bewerten. Zu einem umfassenden QM gehört aber auch die Bewußtseins- und Verhaltensbildung bei den Mitarbeiter/innen, damit gewährleistet wird, dass die getroffenen Verabredungen auch umgesetzt werden, sprich: das QM ›am Leben‹ halten wird.

Qualitätsmanagementhandbuch – Darlegungsform aller im Rahmen des Q's getroffenen Vereinbarungen und Maßnahmen zur Qualitätssicherung. Zwingend zu erarbeiten, wenn sich das Unternehmen einem externen Audit und damit einer Zertifizierung unterziehen will.

Qualitätsmanagementsystem – bezieht sich auf die Einrichtung und wird durch die Verabredungen im QM-Handbuch widergespiegelt.

Qualitätszirkel – Arbeitsgruppe von Mitarbeiter/innen aus allen Hierarchieebenen. Im Qualitätszirkel werden die Maßnahmen zur Qualitätsentwicklung und -sicherung erarbeitet. Diese Arbeit folgt dem Muster: • Probleme benennen • Ursachen erforschen • Lösungen erarbeiten • Lösungswege erproben und umsetzen • Umsetzung reflektieren • weitere Verbesserungen entwickeln.

Schlüsselprozess – Ein Prozess, der in Bezug auf die Aufgabenstellung und Umsetzung dieser Aufgaben in den Einrichtungen als besonders wichtig identifiziert ist. Die Qualität gerade in diesen Prozessen darzulegen, ist eine Forderung der Kostenträger. Als Schlüsselprozesse werden benannt: die Aufnahme, die Entlassung, die Förder- bzw. Hilfeplanung, der Umgang mit Krisensituationen und der Umgang mit Beschwerden. Zudem müssen die Einrichtungen in Bezug auf die Prozeßregelung die für sie und ihr spezifisches Angebot bedeutsamen Abläufe betrachten.

Standard – Ausdruck für den betrieblichen Maßstab. Standardentwicklung bedeutet, zu beschreiben was getan werden soll, wer welche Aufgabe übernimmt, womit und in welchem Zeitraum gearbeitet wird, vor allem aber wie gearbeitet werden soll. Hierin liegt der entscheidende Arbeitsschwerpunkt und der Grundstein für ein größeres Maß an Professionalität, denn unweigerlich wird die Frage nach der inhaltlichen Arbeit gestellt und beantwortet.

Zielebenen – Grundsatzziele – Rahmenziele – Handlungsziele. QM bewirkt, dass sich die Grundsatzziele auf der Handlungsebene widerspiegeln.

Zielorientierung – neben der Kundenorientierung die zweite – vielleicht sogar die wichtigste – Säule im QM. »Wer das Ziel nicht kennt, kann den Weg nicht gehen«! Ziele zu benennen ist die Voraussetzung für alle im Rahmen des QM's stattfindenden Aktivitäten.

Einrichtung XYZ	QM-Handbuch	
	A: Allgemeines	**A6:** Abkürzungsverzeichnis

A6 Abkürzungsverzeichnis

Abkürzungen, die im Handbuch verwendet werden aufführen und erläutern z.B.:

QM – Qualitätsmanagement

QM-Handbuch – Qualitätsmanagementhandbuch

QM-Zirkel – Qualitätszirkel

QM-System – Qualitätsmanagementsystem

QMS – ebenso: Qualitätsmanagementsystem

Ltg. – Leitung

MA – Mitarbeiter/innen

etc.

erstellt:	Freigabe:	Ausgabe 1	vom	Seite: 1 von 1

Einrichtung XYZ	QM-Handbuch	
	B: Führung und Organisation	**B1:** Verantwortung und Leitung

B1 Verantwortung der Leitung

Normenforderung

Die ISO-Norm verlangt eine klare Stellungnahme der Leitung zum Qualitätsmanagement. Die Bedeutung der Kunden- und Zielorientierung muss durch die Leitung an alle Mitarbeiter/innen vermittelt werden. Die Leitung muss dabei Vorbildfunktion übernehmen und neben der Festlegung der Qualitätspolitik und -ziele und der regelmäßigen Zielüberprüfung und -anpassung muss sie ausreichend Ressourcen (Personal- und Sachmittel) zur Zielerreichung zur Verfügung stellen.

B1.1 Grundsätze

Hier beschreiben Sie:

Inhalt des QM-Handbuchs

- *Wie sieht sich die Leitung im Prozess der Qualitätsentwicklung?*
- *Wie werden die Mitarbeiter/innen eingebunden?*
- *Was stellt sie zur Verfügung?*

Beispiel

Die Leitung der ***Einrichtung xyz*** steht eindeutig hinter der Entscheidung zu einem Qualitätsmanagement und ist sich ihrer Vorbildfunktion bewusst.

Sie übernimmt die Aufgabe, die Qualitätspolitik zu formulieren und mit der Einführung, Bewertung und Weiterentwicklung eines Qualitätsmanagements durchzusetzen.

erstellt:	Freigabe:	Ausgabe 1	vom	Seite: 1 von 4

Einrichtung XYZ	QM-Handbuch	
	B: Führung und Organisation	**B1:** Verantwortung und Leitung

Dazu werden auch die notwendigen Ressourcen bereitgestellt:

- Der Qualitätszirkel tagt regelmäßig.
- Die Mitarbeiter/innen werden kontinuierlich über den Stand der Qualitätsentwicklung und -sicherung informiert.
- Entsprechend dem Stand der Qualitätsentwicklung werden Fortbildungen für alle Mitarbeiter/innen durchgeführt, um die QM-Inhalte zu vertiefen und die Mitarbeiter/innen zu befähigen, den QM-Prozess mitzutragen.
- Die Dokumentation über das QM-System wird allen Mitarbeiter/innen in ausreichendem Maß zugänglich gemacht.

B1.2 Qualitätspolitik

Hier beschreiben Sie die Qualitätspolitik und legen dar:

Inhalt des QM-Handbuchs

- *Wer sie formuliert, wie sie verbreitet wird und wie sichergestellt wird, dass sie von den Mitarbeiter/innen verstanden wird.*
- *Welchen Rahmen sie in Bezug auf die Festlegung und Bewertung von Qualitätszielen bietet.*
- *Wie Sie sicherstellen, dass sie laufend bewertet und angepasst wird.*

Beispiel

Die mit dem QM-Handbuch dokumentierte Verpflichtung, ein wirksames Qualitätsmanagement einzurichten und zu betreiben, zielt in erster Linie auf die Zufriedenheit unserer Interessenspartner.

erstellt:	Freigabe:	Ausgabe 1	vom	Seite: 2 von 4

Einrichtung XYZ	QM-Handbuch	
	B: Führung und Organisation	**B1:** Verantwortung und Leitung

Jede/r Mitarbeiter/in ist in seinem/ihren Wirkungskreis für die Qualität in der Arbeit verantwortlich. Das Qualitätsbewußtsein zu fördern ist ständige Führungsaufgabe. Die jeweils besonderen Qualitätsverantwortungen jedes/r Mitarbeiters/Mitarbeiterin sind in Stellenbeschreibungen festgelegt.

›Qualität‹ muss geplant werden. Bestmögliche Arbeitsergebnisse lassen sich nur dann erzielen, wenn bereits unsere Konzeptionen/ Leistungsbeschreibungen hohe Qualität aufweisen. Hier nehmen wir Bezug auf fachliche Standards und gesetzliche Vorgaben und sehen es in diesem Zusammenhang als unsere Aufgabe an, Konzeptionen/Leistungsbeschreibungen regelmäßig zu reflektieren und fortzuschreiben.

Die Qualitätspolitik wird von dem Aspekt bestimmt, dass alle Regelungen und Absprachen – dargelegt im QM-Handbuch – die aus dem Leitbild und den gesetzlichen Vorgaben abgeleiteten Qualitätsziele widerspiegeln. Dazu gehört auch, dass diese auf die Bedürfnisse der Kunden zugeschnitten werden. Das beinhaltet, dass schon bei der Zielformulierung die unterschiedlichen Interessen und Erwartungen der verschiedenen Kundengruppen einbezogen werden.

Die Qualitätszirkelarbeit und der Diskurs über qualitätsrelevante Themen in der Mitarbeiterschaft sollen bewirken, dass die Qualitätspolitik von allen Mitarbeiter/innen in der täglichen Arbeit verstanden und getragen wird.

erstellt:	Freigabe:	Ausgabe 1	vom	Seite: 3 von 4

Einrichtung XYZ	QM-Handbuch	
	B: Führung und Organisation	**B1:** Verantwortung und Leitung

B1.2.1 Gesetzliche Grundlagen

Inhalt des QM-Handbuchs

Hier nehmen Sie Bezug auf die Ihrer Einrichtung zugrunde liegenden gesetzlichen Regelungen. Sie benennen Sie und legen die wesentlichen Aussagen dar.

B1.2.2 Leitbild

Inhalt des QM-Handbuchs

Hier präsentieren Sie Ihr unternehmens- bzw. einrichtungsbezogenes Leitbild. In großen Unternehmen empfiehlt es sich, sowohl das Unternehmensleitbild vorzustellen als auch das daraus abgeleitete Einrichtungsleitbild.

Bestandteile eines Leitbildes sind Aussagen zu:

- *Kurze Unternehmensdarstellung – Wurzeln und Visionen*
- *Wertehaltung*
- *Innenverhältnis/Mitarbeiter – Leitung und Außenorientierung/Kunden*
- *Besonderheiten/Profil*

Anmerkung

Gesetzliche Grundlagen und Leitbild bilden in sozialen Einrichtungen die Zielsetzungen im Rahmen der Qualitätspolitik.

erstellt:	Freigabe:	Ausgabe 1	vom	Seite: 4 von 4

Einrichtung XYZ	QM-Handbuch	
	B: Führung und Organisation	**B2:** Organisation des Unternehmens

B2 Organisation des Unternehmens

Normenforderung

Die ISO-Norm fordert an dieser Stelle, dass die Aufgabenbereiche klar definiert und abgegrenzt werden. Ebenso müssen Verantwortlichkeiten und Entscheidungsbefugnisse festgelegt sein.

Hier nehmen Sie Bezug auf die hierarchische Untergliederung Ihres Unternehmens bzw. Ihrer Einrichtung und verweisen:

Inhalt des QM-Handbuchs

- *Darauf, dass das Organigramm den hierarchischen Aufbau in Ihrem Unternehmen widerspiegelt.*
- *Darauf, das nachfolgende Funktionsbeschreibungen, die Wechselbeziehungen innerhalb des Unternehmens regeln.*

B 2.1 Organigramm

Inhalt des QM-Handbuchs

Hier fügen Sie das einrichtungsspezifische Organigramm ein.

Anmerkung

Bei großen Trägern empfiehlt es sich, auch das Trägerorganigramm vorzustellen.

zudem beschreiben Sie:

- *Wer für die ständige ›Pflege‹ des Organigramms zuständig ist.*

erstellt:	Freigabe:	Ausgabe 1	vom	Seite: 1 von 3

Einrichtung XYZ	QM-Handbuch	
	B: Führung und Organisation	**B2:** Organisation des Unternehmens

B 2.2 Stellenbeschreibungen

Inhalt des QM-Handbuchs

Hier beschreiben Sie:

- *Welche Zielsetzungen Sie mit der Anfertigung von Stellenbeschreibungen verbinden.*
- *Welche Bedeutung den Stellenbeschreibungen zukommen.*
- *Wie Stellenbeschreibungen gehandhabt werden und*
- *für welche Funktionen Sie Stellenbeschreibungen entwickelt haben (vgl. Organigramm).*

Beispiel

1. Die Stellenbeschreibungen werden im Qualitätszirkel erarbeitet und anschließend mit der Mitarbeitervertretung/Betriebsrat abgestimmt.

2. Sie sind verbindlich, werden jedem/r Mitarbeiter/in entsprechend der Funktion ausgehändigt und von der Geschäftsführung und den Mitarbeiter/innen selbst unterschrieben.

3. Da die Stellenbeschreibungen prozessorientiert formuliert sind, sind sie auch veränderbar. Sie werden im Sinn der Qualitätssicherung regelmäßig hinsichtlich der Erfordernisse der Arbeitsabläufe überprüft, angeglichen und neu vereinbart.

4. Demzufolge können den einzelnen Mitarbeiter/innen auch andere Aufgaben in ihrem Arbeitsbereich übertragen werden, sofern es die konzeptionelle Entwicklung und deren praktische Umsetzung erfordert.

erstellt:	Freigabe:	Ausgabe 1	vom	Seite: 2 von 3

Einrichtung XYZ	QM-Handbuch	
	B: Führung und Organisation	**B2:** Organisation des Unternehmens

5. Für folgende Funktionen sind Stellenbeschreibungen erarbeitet, z.B.:
1. Geschäftführung/Leitung
2. Bereichsleitung
3. Betreuer/innen etc.

Beispiel

Vorschlag für eine Gliederungsstruktur für Stellenbeschreibungen

1. Stellenbezeichnung (entspr. Organigramm)
2. Qualifikation und Anforderungen (fachliche und außerfachliche)
3. Stellenziel
4. Überstellung/Unterstellung (welcher Funktion in der Hierarchie unterstellt, welcher überstellt?)
5. Vertretungsregelung
6. Aufgaben – es macht Sinn zu unterscheiden in:
- Fachaufgaben
- organisator. Aufgaben/Verwaltungsaufgaben
- stellenübergreifende Aufgaben
- Führungsaufgaben
- Dokumentationsaufgaben

7. Informationsfluss (worüber informiert der/die Stelleninhaber/in wen? worüber wird er/sie von wem informiert?)
8. Entscheidungskompetenzen (selbstständig bzw. in Verbindung mit anderen Funktionen)
9. Arbeitsmittel/Arbeitsumgebung
10. ggf. Sonstiges

Orientiert an der vorgenannten Gliederungsstruktur werden die Stellenbeschreibungen abgefasst und jeweils ein Musterexemplar für jede Funktion im QM-Handbuch an dieser Stelle abgelegt.

erstellt:	Freigabe:	Ausgabe 1	vom	Seite: 3 von 3

Einrichtung XYZ	QM-Handbuch	
	B: Führung und Organisation	**B3:** Umsetzung der Qualitätsaufgaben

B3 Umsetzung der Qualitätsaufgaben

B3.1 Organisation des Qualitätsmanagementsystems

Hier nehmen Sie Bezug zum Kapitel 4 der ISO-Norm, in dem es um allgemeine Forderungen an ein QM-System geht, wie:

Normenforderung

Aufgaben, die sich daraus ergeben sind:
- das QM-System aufzubauen
- das QM-System zu dokumentieren
- die darin enthaltenen Absprachen und Regelungen umzusetzen
- das QM-System aufrechtzuerhalten und
- das QM-System ständig zu verbessern

Auf der Grundlage des prozessorientierten Ansatzes der ISO 9001:2000 werden die oben genannten Aufgaben in einem übergreifenden Rahmen umgesetzt. Dieser Rahmen umfasst:
- die Prozesse des Unternehmens zu identifizieren ⇨ Verweis Kap. D
- die Wechselwirkung dieser Prozesse definieren und das Ineinandergreifen zu steuern ⇨ Verweis Kap. B3.3
- Ressourcen – wie Mittel und Informationen – bereitzustellen ⇨ Verweis Kap. C und
- die Prozesse mit geeigneten Mitteln zu überwachen und zu lenken – dazu gehört zwingend der Blick auf die ständige Verbesserung ⇨ Verweis Kap. E

erstellt:	Freigabe:	Ausgabe 1	vom	Seite: 1 von 15

Die Prozesse selber werden unterschieden in:
- Leistungsprozesse
- Führungsprozesse und
- unterstützende Prozesse

Die ISO-Norm fordert darüber hinaus, dass ein/e Mitarbeiter/in bestimmt wird, die die Aufgaben des Qualitätsmanagements koordiniert und steuert – eine/n sogenannte/n ›Qualitätsbeauftragte/n‹.
Schwerpunkte der Tätigkeit des QB sind:
- Ein QM-System aufzubauen und zu pflegen – einschließlich der zugehörenden QM-Dokumentation (QM-Handbuch, Verfahrensanweisungen und Checklisten etc.).
- Den Gedanken der Kunden- und Zielorientierung zu verbreiten und zu festigen.
- Die Mitarbeiter/innen in Bezug auf QM-Inhalte zu schulen und
- über den Stand und die Wirksamkeit des QM-Systems Bericht zu erstatten.

Der/Die QB ist Mitglied im Führungskreis der Unternehmens bzw. der Einrichtung.

Sie beschreiben daher :

Inhalt des QM-Handbuchs

- *Kurze Zusammenfassung der oben aufgeführten Forderungen und*
- *wie Sie die Forderung nach einem Qualitätsbeauftragten erfüllen.*
  - *Unter welchen Maßgaben ist er von der Leitung eingesetzt worden?*
  - *Arbeiten Sie mit externer Begleitung zusammen?*

- *Und sie verweisen auf die folgenden Abschnitte, die die einrichtungsspezifische Organisation des QM-Systems näher erläutern.*

B3.1.1 Qualitätszirkelarbeit

Normenforderung

Eine grundlegende Forderung der DIN ISO 9001:2000 ist die Einbeziehung der Mitarbeiter/innen, damit sie ihre Fähigkeiten einbringen und Verbesserungspotentiale freisetzen können. Entsprechende Arbeitsgruppen bzw. Qualitätszirkel bieten die Möglichkeit dazu.

Hier beschreiben Sie, wie die Qualitätszirkelarbeit organisiert ist:

Inhalt des QM-Handbuchs

- *Wer nimmt teil?*
- *Wie werden die Mitarbeiter/innen ausgewählt?*
- *Gibt es eine feste ›Steuerungsgruppe‹? Arbeiten Sie mit temporären Arbeitsgruppen, die sich zur Ausarbeitung bestimmter Themen bildet?*
- *Welcher zeitliche Umfang steht zur Verfügung? In welchem Turnus trifft sich der Qualitätszirkel?*
- *Weitere Regelungen zur Qualitätszirkelarbeit: z.B. Dokumentation durch Protokolle; erstellen von konkreten Aktionsplänen (wer macht was, bis wann?)*

B3.1.2 Kommunizieren von QM-Inhalten

Verbunden mit der Einbeziehung der Mitarbeiter/innen in den Prozess der Qualitätsentwicklung ist die umfassende und kontinuierliche Information der Mitarbeiter/innen in Bezug auf den Stand und die Wirksamkeit des QM-Systems. ›Informiert sein‹ fördert die Motivation, sich einzubringen und mitzugestalten.

Hier beschreiben Sie, wie die Mitarbeiter/innen über den Stand und die Weiterentwicklung des QM-Systems informiert werden:

Inhalt des QM-Handbuchs

- *Wie erfolgt die Multiplikation der Diskussions- und Arbeitsergebnisse im Qualitätszirkel? Wer ist dafür zuständig?*
- *Wie geben Mitarbeiter/innen eigene Vorschläge und Anregungen weiter?*
- *Mit welchen Mitteln/ über welche Wege werden QM-Inhalte bekanntgegeben und auch vertieft?*

Beispiel

Damit das Verständnis für die Aufgaben im Rahmen des Qualitätsmanagements wachsen kann und die getroffenen Absprachen wirksam werden können, müssen die Mitarbeiter/innen über den Stand im Prozess der Qualitätsentwicklung und -sicherung kontinuierlich informiert werden.
Das geschieht auf verschiedenen Ebenen:

- Mitarbeiter/innen, die am Qualitätszirkel teilnehmen, haben eine Multiplikatorenfunktion. Damit soll sichergestellt werden, dass alle Mitarbeiter/innen über den Stand der Aktivi-

Einrichtung XYZ	QM-Handbuch	
	B: Führung und Organisation	**B3:** Umsetzung der Qualitätsaufgaben

täten im Rahmen des Qualitätsmanagements informiert sind.

- In Teamsitzungen werden QM-Inhalte thematisiert. Die Mitarbeiter/innen haben hier die Möglichkeit ihre Kritik, Erfahrungen und Wünsche einzubringen – Diskussionsergebnisse werden wiederum über die Multiplikatoren/innen in den Qualitätszirkel getragen.
- Zudem besteht eine Eigenverantwortlichkeit der Mitarbeiter/innen, sich Informationen über Protokolle und auch Aktionspläne einzuholen.

B3.2 Qualitätsplanung – Überwachung der Zielerreichung

Normenforderung

Die Qualitätsplanung dient dazu, regelmäßig konkrete Schritte festzulegen, die geeignet sind, die Anforderungen der Norm zu erfüllen und die gesetzten Qualitätsziele zu erreichen. Auf der Grundlage des Leitbildes und der gesetzlichen Vorgaben werden die Zielsetzungen abgeleitet und kontinuierlich fortgeschrieben.

Die ISO-Norm fordert hier ausdrücklich die Messbarkeit der Ziele. Es müssen Kenngrößen/Indikatoren im Zusammenhang mit der Zielfestlegung entwickelt werden, die eben meßbar oder – was für den sozialen Bereich zum Teil zutreffender ist – beschreibbar sind. (vgl. Kapitel – Messung, Analyse, Verbesserung)

erstellt:	Freigabe:	Ausgabe 1	vom	Seite: 5 von 15

Demzufolge beschreiben Sie hier:

Inhalt des QM-Handbuchs

- *Wann findet diese Qualitätsplanung statt?*
- *Wer ist daran beteiligt?*
- *Welche möglichen Vorgaben für die Qualitätsplanung gibt es?*
- *Wie wird sie dokumentiert?*
- *Welche Eckpunkte zur Zielüberwachung werden festgehalten?*

Beispiel

1. 2x jährlich findet die konkrete Qualitätsplanung statt.
2. Beteiligt an der Qualitätsplanung sind: Geschäftsführung, Bereichsleitungen und der/die Qualitätsbeauftragte.
3. Zum jeweiligen Termin bereiten die Bereichsleitungen einen QE-Bericht vor, der auf die Realisierung der vorherigen Zielsetzungen eingeht.
4. Die Zielvereinbarungen werden in Verbindung mit einem konkreten Maßnahmeplan festgehalten.

B3.3 Verknüpfung der Prozesse und ihre Wechselwirkung

Normenforderung

Die Norm fordert, nicht nur die Abfolge von Prozessen sondern auch die untereinander bestehende Wechselwirkung transparent zu machen. Im gewissen Maß werden Sie der Forderung gerecht, wenn Sie in den Prozessbeschreibungen (vgl. Kapitel D) auf ›mitgeltende Unterlagen‹ verweisen und z.B. in Flussdiagrammen Schnittstellen

Einrichtung XYZ	QM-Handbuch	
	B: Führung und Organisation	**B3:** Umsetzung der Qualitätsaufgaben

zu anderen Prozessen aufzeigen. Sinn macht aber zusätzlich eine Darstellung, die diese Prozesswechselwirkungen in einer Gesamtübersicht verdeutlichen.

Inhalt des QM-Handbuchs

Zum einen legen Sie hier dar:

- *Eine Aufstellung der relevanten Prozesse – unterschieden in Führungs- und Leistungsprozesse sowie unterstützende Prozesse.*

Beispiel

folgende Tabelle ordnet die im QM-Handbuch beschriebenen Prozesse zu:

Führungsprozesse ⇨	Leistungsprozesse ⇦	unterstützende Prozesse
Organisation des Unternehmens	**Aufnahme/ Beginn der Hilfe**	Umgang mit Dokumenten und Daten
Führung und Führungsverantwortung	**Hilfeplanung/ Betreuungsplanung**	Evaluation
Qualitätspolitik und Qualitätsziele/ Ermittlung und Umgang mit Kundenerwartungen	**Betreuungsprozess**	Reflexion von Kundenzufriedenheit
Qualitätsplanung	**Umgang mit Kooperationspartner**	Beschwerdemanagement
Bewertung und Verbesserung des QM-Systems	**Kooperation mit weiteren Beteiligten z.B. Angehörigen**	

erstellt:	Freigabe:	Ausgabe 1	vom	Seite: 7 von 15

Kommunikation	**Verwaltung/ Hauswirtschaft**
Personalmanagement/ Einstellung und Einarbeitung n. MA Schulung	**Umgang in Krisensituationen**
Angebotsentwicklung/ Projektentwicklung	**Ergebnisprüfung und Bewertung**
	Entlassung/ Beendigung der Hilfe
	Leistungsabrechnung

eine weitere Möglichkeit wäre:

- z.B. eine tabellarische Übersicht, in der Sie die beschriebenen Prozesse aufführen und die jeweilige Wechselwirkung über ein Bewertungsraster beschreiben – wie:
  - starker Einfluss/hohe Wechselwirkung (3)
  - mittlerer Einfluss/normale Wechselwirkung (2)
  - geringer Einfluss/geringe Wechselwirkung (1)

Anmerkung

Diese Forderung der Norm ist für viele noch ›Neuland‹. Wir haben i.B. auf die Umsetzung in QM-Handbüchern diesbezüglich noch keine ausreichende Rückmeldung.

Einrichtung XYZ	QM-Handbuch	
	B: Führung und Organisation	**B3:** Umsetzung der Qualitätsaufgaben

B3.4 Bewertung und ständige Verbesserung des QM-Systems

Normenforderung

Eine Normenvorgabe ist, dass das QM-System regelmäßig auf seine Wirksamkeit hin überprüft wird. Dazu gehört die Betrachtung, ob die Absprachen und Maßnahmen geeignet sind, die gesetzten Ziele zu erreichen. Diese Überprüfung und Bewertung findet in der Regel im Rahmen von internen Audits statt; aber auch sogenannte Managementbewertungen fallen in Betracht.

Hier beschreiben Sie:

Inhalt des QM-Handbuchs

- *In welchem Turnus findet eine regelmäßige Bewertung des QM-Systems statt?*
- *Wer nimmt daran teil? Wer bereitet sie vor?*
- *Auf welcher Basis findet die Bewertung statt? Welche Erkenntnisse werden zugrunde gelegt?*
- *Wie wird sie dokumentiert?*
- *Wie wird mit den Ergebnissen und Erkenntnissen verfahren?*

Beispiel

1. Der/die QB erstellt eine Audit-Jahresplanung, in der folgendes festgelegt wird:
- zu auditierende Bereiche/ Prozesse,
- Termingrobplanung,
- Teilnehmer/innen.

2. Aus gegebenen Anlässen (z.B. Beschwerden, notwendige Umstrukturierungen, Abweichungen bei der Zielerreichung) werden Audits auch abweichend von der Jahresplanung durchgeführt.

3. Zur Vorbereitung auf die Audits werden fol-

erstellt:	Freigabe:	Ausgabe 1	vom	Seite: 9 von 15

Einrichtung XYZ	QM-Handbuch	
	B: Führung und Organisation	**B3:** Umsetzung der Qualitätsaufgaben

gende Aspekte vom QB ausgewertet und im Qualitätsbericht festgehalten:

- Stand der Zielerreichung – unter Berücksichtigung der Mitarbeiter- und Kundenzufriedenheit und des Soll-Ist-Abgleichs in Bezug auf die Zielsetzung,
- Erkenntnisse aus Kundenbefragungen,
- Auswertung der Beschwerden,
- Daten in Bezug auf Arbeitsergebnisse,
- mögl. relevante Ergebnisse interner und externer Audits,
- Aktionspläne und durchgeführte Verbesserungsmaßnahmen,
- interne und externe Schulungen der Mitarbeiter/innen.

4. Der/Die QB und ggf. andere benannte Auditoren/innen werten in der Auditvorbereitung zudem die QM-Dokumente aus und erarbeiten den Auditfragenkatalog.

5. Der/Die QB setzt den konkreten Audittermin und den Zeitumfang fest und lädt die Teilnehmenr/innen ein.

6. Während der Auditierung erstellt der/die QB das Auditprotokoll. (Fragekatalog mit handschriftlichen Ergänzungen)

7. Entsprechend der Erkenntnisse werden zusammen mit den Auditierten Korrekturmaßnahmen festgelegt, die ebenfalls im Auditprotokoll festgehalten werden – mit Verantwortlichen und Terminierung der Durchführung

8. Der/Die QB erstellt einen Auditbericht, der an den auditierten Bereich sowie an die Geschäftsführung verteilt wird.

erstellt:	Freigabe:	Ausgabe 1	vom	Seite: 10 von 15

Einrichtung XYZ	QM-Handbuch	
	B: Führung und Organisation	**B3:** Umsetzung der Qualitätsaufgaben

9. Der/Die QB überprüft die Durchführung der Verbesserungsmaßnahmen.
10. Die Auditprotokolle und Auditberichte werden nach Beendigung der Verbesserungsmaßnahmen im entsprechenden Protokollordner abgelegt.

Anmerkung

Die Fragen bei der Durchführung eines internen – und auch externen Audits – beziehen sich auf folgende Überlegungen:
Sind die Absprachen und Regelungen:
- beschrieben?
- angeordnet?
- bekannt?
- angewandt?
- dokumentiert?

B3.5 Vorbereitung und Begleitung externer Audits

Externe Audits können sowohl sogenannte ›Lieferantenaudits‹ als auch Zertifizierungsaudits sein. Hinter dem Begriff ›Lieferantenaudit‹ verbirgt sich, dass ›Dritte‹ sich über die Wirksamkeit des QM-Systems einen Eindruck verschaffen wollen. (dies kann wechselseitig geschehen)

Inhalt des QM-Handbuchs

Im sozialen Bereich hat sich dieses Prozedere bisher nicht etabliert. Allerdings könnten aus unserer Sicht die ›Qualitätsentwicklungsvereinbarungen‹ in der Jugendhilfe durchaus als ›externe Audits‹ bewertet werden.

erstellt:	Freigabe:	Ausgabe 1	vom	Seite: 11 von 15

Analog zu den ›internen Audits‹ beschreiben Sie hier:

- *Wer ist Ansprechpartner/in? (in der Regel der/die QB)*
- *Welche Aufgaben fallen im Rahmen der Vorbereitung, Durchführung und Nachbereitung an? (fachliche Aufgaben aber auch: Kontakte zu den Auditoren/innen, Betreuung der Auditoren/innen, Information der zu auditierenden Bereiche, ggf. Berichterstattung etc.*

B3.6 Umgang mit Dokumenten und Daten

Normenforderung

Die ISO-Norm unterscheidet in diesem Zusammenhang zwischen ›Dokumenten‹ – im Sinn von Vorgaben und ›Qualitätsaufzeichnungen‹ – im Sinn von Nachweisen. Im sozialen Bereich ist diese Trennung nicht sinnvoll. Viele Dokumente sind ihrem Charakter nach sowohl Vorgabe- als auch Nachweisdokumente. Wir übertragen an dieser Stelle die Normenforderungen auf beide ›Dokumentenarten‹ gleichermaßen.Im wesentlichen geht es in der Normenforderung darum, eine Dokumentenlenkung sicherzustellen.

Sie beschreiben hier folglich:

Inhalt des QM-Handbuchs

- *Wer darf Dokumente erstellen?*
- *Wer gibt die Dokumente frei?*
- *Wie kennzeichnen Sie Änderungen und damit auch neuere Versionen?*

- *Wie stellen Sie sicher, dass keine veralteten Versionen benutzt werden?*
- *Wie regeln Sie den Zugang zu den Dokumenten? Wo befinden sie sich? Wer hat Zugang?*

Die letzte Frage leitet zum folgenden Abschnitt über.

B3.6.1 Dokumentenübersicht

Mit der Dokumentenübersicht schaffen Sie sich ein ›Instrument‹, dass die getroffenen Regelungen für die Handhabung der qualitätsrelevanten Dokumente aufnimmt.

Inhalt des QM-Handbuchs

Sie erstellen diese Dokumetenübersicht/Dokumentenmatrix und legen sie an dieser Stelle im Handbuch ab.

Überschriften in der Dokumentenmatrix: (als Tabelle erstellt)

- Bezeichnung des Dokumentes
- Unterscheidung in ›internes‹ oder ›externes‹ Dokument – möglich ist auch eine Unterscheidung in ›Vorgabe- oder Nachweisdokument‹; aus den oben genannten Gründen ist das im sozialen Bereich allerdings nicht sehr aussagekräftig!
- Ablage
- Verteiler
- Zugangsberechtigung
- Weg durch die Einrichtung

- Aufbewahrungsdauer
- Vernichtung: wer? und wie?

Um eine bessere Übersichtlichkeit zu erlangen, ist es sinnvoll die Dokumentenmatrix bereichsbezogen zu untergliedern und bestimmte Arten von Dokumenten zusammenzufassen. (z.B. Protokollordner; Ordner für Formblätter etc. oder auch Bewohnerakte – das erspart eine lange Auflistung von ›Einzeldokumenten‹!)

B3.7 Ermittlung und Umgang mit den Anforderungen von Interessenspartnern

Normenforderung

Die ISO 9001:2000 fordert in diesem Zusammenhang, dass die Kundengruppen benannt werden und dass die Kundenanforderungen in die Zielformulierung einbezogen werden.

Dazu gehört eine systematische und regelmäßige Ermittlung der Kundenanforderungen.

In der Regel haben Sie hierzu schon Grundsatzaussagen im Rahmen der Formulierung der Qualitätspolitik und des Leitbildes gemacht.

Inhalt des QM-Handbuchs

Beschreiben Sie hier – ggf. unter Verweis auf die Qualitätspolitik und das Leitbild:

- *Welche Bedeutung messen wir unseren Kunden bei?*
- *Wer sind unsere Kundengruppen?*
- *Wie bewerten wir die Kundenanforderungen und wie integrieren wir sie in die Ausgestaltung der Arbeit?*

Einrichtung XYZ	QM-Handbuch	
	B: Führung und Organisation	**B3:** Umsetzung der Qualitätsaufgaben

Darüberhinaus erklären Sie:

- *Wie Sie Kundenanforderungen ermitteln – ggf. Verweis auf bestimmte Schlüsselprozesse (Aufnahme – Aufnahmegespräch; Hilfeplanung – Hilfeplangespräche; Umgang mit Kooperationspartnern – Kontaktgespräche) bzw. auf regelmäßige Gespräche mit den Interessenspartnern im Verlauf des Betreuungsprozesses*

erstellt:	Freigabe:	Ausgabe 1	vom	Seite: 15 von 15

Einrichtung XYZ	QM-Handbuch	
	C:Personal-u.Ressourcenmanagement	C1: Führungsgrundsätze ff.

C Personal- und Ressourcenmanagement

Normenforderung

Die Normforderung geht in diesem Abschnitt dahin, dass Mittel zur Verfügung gestellt werden, um ein QM-System aufzubauen und es ständig zu verbessern. Zudem soll dadurch auch die Kundenzufriedenheit stetig gesteigert werden. Hier besteht eine Parallele zu Abschnitt 5. Verantwortung der Leitung.

C1 Führungsgrundsätze

Mitarbeiter/innen sind die wichtigste ›Ressource‹ eines jeden Unternehmens. Die Darlegung von Führungsgrundsätzen verdeutlicht, welche Bedeutung den Mitarbeiter/innen von Seiten der Leitung/Geschäftsführung beigemessen wird und welches Innenverhältnis das Unternehmen charakterisiert.

Hier beschreiben Sie – und das ist eindeutig Aufgabe der Leitung:

Inhalt des QM-Handbuchs

- *Welchen Führungsstil propagiert die Leitung?*
- *Welche Form der Verantwortung wird auf die Mitarbeiter/innen übertragen?*
- *Wie sieht sich Leitung im Wechselspiel mit den Mitarbeiter/innen?*

Anmerkung

Im Sinn eines umfassenden Qualitätsmanagements geht es hierbei um einen ›partizipativen

erstellt:	Freigabe:	Ausgabe 1	vom	Seite: 1 von 10

Einrichtung XYZ	QM-Handbuch	
	C:Personal-u.Ressourcenmanagement	C1: Führungsgrundsätze ff.

Führungsstil, d.h.:

- Klare Zielvereinbarungen,
- aktives Mitgestalten der Beteiligten
- Ordnungssystem als Grundlage
- freier Informationsfluss.

Der partizipative Führungsstil basiert auf Führen durch Zielvereinbarungen und folgt der Idee der ständigen Verbesserung.

Mitarbeiter/innen werden durch breite Information in die Lage versetzt, Firmenziele mitzugestalten, zu akzeptieren und letztendlich in ihre eigene Zielstruktur zu übernehmen.

Er fördert die Eigenverantwortlichkeit und geht damit über den kooperativen Führungsstil hinaus. Es geht nicht mehr um Teilhabenlassen, sondern um das aktive Einbeziehen aller Betroffenen zum frühstmöglichen Zeitpunkt (vgl. Texte: TQM – Verbesserung von Unternehmensprozessen, DGQ, 2001).

C1.1 Mitarbeitergespräche

Im Rahmen des partizipativen Führungsstils sind Mitarbeitergespräche ein wichtiges Führungsinstrument.

Sie beschreiben hier, wie Sie das Instrument einsetzen:

Inhalt des QM-Handbuchs

- *Wer führt Mitarbeitergespräche – auf unterschiedlichen Hierarchieebenen (ggf. Leitung,*

erstellt:	Freigabe:	Ausgabe 1	vom	Seite: 2 von 10

Bereichsleitung, Gruppenleitung) und mit welcher Zielsetzung?

- *Turnus – Zeitrahmen – Gelegenheiten (z.B: regelmäßig 1x jährlich mit allen Mitarbeiter/innen im Sinn von persönlicher Zielplanung; Gespräche in Probezeiten etc.)?*
- *Welche Form der Vorbereitung gibt es möglicherweise (z.B. Selbsteinschätzungen durch Bewertungsbögen – Fremdeinschätzungen etc.)?*
- *Wie werden Mitarbeitergespräche dokumentiert? Wo werden diese Dokumente aufbewahrt?*

C1.2 Personalplanung und Zuordnung

Normenforderung

Die Forderung der DIN ISO 9001:2000 ist an dieser Stelle, dass die Mitarbeiter/innen, die qualitätsrelevante Tätigkeiten durchführen, auch dazu befähigt sein müssen, sprich die entsprechende Qualifizierung aufweisen.

Inhalt des QM-Handbuchs

Hier verweisen Sie zum einen auf: B2.2 Stellenbeschreibungen, zum anderen auf den Stellenschlüssel, der in sozialen Einrichtungen durch den Kostenträger vorgegeben ist.

C1.2.1 Dienstplanung

Die Dienstplanung verdeutlicht in sozialen Einrichtungen das Bereitstellen von Ressourcen.

Einrichtung XYZ	QM-Handbuch	
	C:Personal-u.Ressourcenmanagement	**C1:** Führungsgrundsätze ff.

Hier beschreiben Sie:

Inhalt des QM-Handbuchs

- *Unter welchen grundsätzlichen Maßgaben werden die Dienstpläne erstellt?*
- *Wer macht das? Wann – in und für welchen Zeitrahmen?*
- *Wer gibt Dienstpläne frei? – Bezug zu Urlaubsregelungen*
- *Wer darf Dienstpläne verändern? Wann dürfen sie verändert werden?*
- *Wo werden sie aufbewahrt?*
  a) während der Gültigkeit
  b) nach Ablauf der Gültigkeit?

C1.3 Teamstruktur und Teambildung

Teambildung und Teamzusammensetzung ist im Kontext der Ressourcen ein wichtiger Teilaspekt. Die Teamstruktur ist mitentscheidend in Bezug auf die Arbeitsfähigkeit eines Teams – und damit auf qualitätsrelevante Prozesse.

Beschreiben Sie hier:

Inhalt des QM-Handbuchs

- *Welche Vorgaben gibt es mit Blick auf die Teambildung? – Teamgröße, Zusammensetzung, möglicherweise ein zeitlich festgelegter Wechsel*
- *Mitsprache der Mitarbeiter/innen bei der Teambildung*
- *Welche Absprachen bestehen, wenn Teams nicht arbeitsfähig sind?*

erstellt:	Freigabe:	Ausgabe 1	vom	Seite: 4 von 10

Einrichtung XYZ	QM-Handbuch	
	C: Personal-u. Ressourcenmanagement	**C1:** Führungsgrundsätze ff.

C1.3.1 Bezugsbetreuersystem

Inhalt des QM-Handbuchs

Im Rahmen der Betreuungsarbeit ist das Bezugsbetreuersystem in vielen sozialen Einrichtungen ein bewährtes Instrument. Es gewährleistet die – zum Teil vom Kostenträger geforderte – Kontinuität in der Betreuung und es ist hilfreich dabei, Informationen in einer Hand zu bündeln und feste Ansprechpartner/innen zu haben. Ein Aspekt der das Management von Ressourcen wesentlich tangiert.

Stellen Sie hier die Eckpunkte Ihres Bezugsbetreuersystems vor:

Inhalt des QM-Handbuchs

- *Welche Zielsetzung verbinden Sie mit dem Bezugsbetreuersystem? Dies kann einleitend dargelegt werden (z.B. s.o.).*
- *Wie und wann werden die Bezugsbetreuer/innen ausgewählt? Wer darf mitentscheiden – ggf. auch das Klientel?!*
- *Unter welchen Gesichtspunkten wechselt die Bezugsbetreuung?*
- *Welche Aufgaben haben die Bezugsbetreuer/innen?*
- *Wie/woraus erfahren die Mitarbeiter/innen wer für wen Bezugsbetreuer/in ist?*

erstellt:	Freigabe:	Ausgabe 1	vom	Seite: 5 von 10

Einrichtung XYZ	QM-Handbuch	
	C:Personal-u.Ressourcenmanagement	**C1:** Führungsgrundsätze ff.

C1.4 Einstellung und Einarbeitung neuer Mitarbeiter/innen

Unseres Erachtens nach ist die Einstellung und Einarbeitung ein weiterer bedeutsamer Aspekt im Rahmen des Personal- und Ressourcenmanagements.

Beschreiben Sie hier:

Inhalt des QM-Handbuchs

- *a) Das Einstellungsverfahren*
- *b) Das Verfahren zur Einarbeitung neuer Mitarbeiter/innen*

Anmerkung

Verfahrensanweisung (VA) erstellen beinhaltet:

- Zielsetzung benennen
- Geltungsbereich benennen
- Verfahrens- bzw. Prozessschritte benennen und inhaltlich ausführen mittels der Fragestellungen:
  - Was soll getan werden?
  - Wie sollen sich die Mitarbeit/innen verhalten?
  - Wer macht was?
  - Welche Vorgaben – Checklisten etc. – werden zur Verfügung gestellt und
  - wie wird dokumentiert?
  - Welche anderen Verfahrensanweisungen oder Prozessbeschreibungen sind in diesem Zusammenhang noch relevant?

erstellt:	Freigabe:	Ausgabe 1	vom	Seite: 6 von 10

Einrichtung XYZ	QM-Handbuch	
	C:Personal-u.Ressourcenmanagement	C1: Führungsgrundsätze ff.

C1.5 Personalentwicklung – Fortbildung, Schulung, Supervision

Normenforderung

Entsprechend der Forderung der DIN ISO 9001: 2000 muss der Schulungs- und Fortbildungsbedarf kontinuierlich ermittelt werden. Entsprechend der Erkenntnisse müssen Qualifizierungsmaßnahmen durchgeführt werden und die Wirksamkeit dieser Maßnahmen bewertet werden.

Hier beschreiben Sie:

Inhalt des QM-Handbuchs

- *Wie wird der Schulungsbedarf ermittelt?*
- *Wie stellen Sie sicher, dass den Mitarbeitern/innen die Bedeutung und die Wichtigkeit ihrer Tätigkeit mit Blick auf die Qualitätsentwicklung bewusst ist?*
- *Wer ist daran beteiligt?*
- *Wie werden Maßnahmen ausgewählt? – interne wie auch externe*
- *Sind Mitarbeiter/innen verpflichtet an Schulungsmaßnahmen teilzunehmen und den vermittelten Stoff aufzuarbeiten und Teamkolleginnen zur Verfügung zu stellen??*
- *Werden die Schulungsmaßnahmen bewertet und wie?*

Anmerkung

Hilfreich ist hier einen sogenannten Fortbildungsplan zu entwerfen. Er wird als Tabelle erstellt und enthält z.B. ›Überschriften‹ wie:

Beispiel

- **Fortbildungsbedarf/Fortbildungsinhalt**
- **Fortbildungsträger/Art der Fortbildung**
- **Thema der Fortbildung**

erstellt:	Freigabe:	Ausgabe 1	vom	Seite: 7 von 10

Einrichtung XYZ	QM-Handbuch	
	C:Personal-u. Ressourcenmanagement	C1: Führungsgrundsätze ff.

- **Datum/Zeitraum**
- **Teilnehmer/in**
- **Form der Multiplikation der Inhalte**

Dieser Fortbildungsplan kann dann beispielsweise halbjährlich oder jährlich ausgefüllt werden und wird ausgehängt oder liegt zur Einsicht vor.

Im QM-Handbuch legen Sie ein Musterformblatt ab.

C1.6. Interne Kommunikation

In Verbindung mit einem partizipativen Führungsstil wurde die Bedeutung eines guten Informationsflusses schon unterstrichen.

›Informiert Sein‹ motiviert die Mitarbeiter/innen – eine gute Kommunikation ist aber darüber hinaus auch ein entscheidendes Qualitätsmerkmal.

Legen Sie hier dar:

Inhalt des QM-Handbuchs

- *Welche Kommunikationsstrukturen gibt es in Ihrer Einrichtung?*
- *Verweisen Sie auch hier auf die Stellenbeschreibungen, die zum Informationsfluss Aussagen enthalten.*

Anmerkung

Erstellen Sie eine ›Konferenzmatrix‹ – in Tabellenform – die Ihre Kommunikationsstruktur in Bezug auf Besprechungsrunden offenlegt.

erstellt:	Freigabe:	Ausgabe 1	vom	Seite: 8 von 10

Einrichtung XYZ	QM-Handbuch	
	C: Personal-u. Ressourcenmanagement	C1: Führungsgrundsätze ff.

Beispiel

Überschriften in der Konferenzmatrix sind:

- Gremium/Besprechungsrunde
- Teilnehmer/in
- Turnus
- Dauer
- Inhalte
- Dokumentation/Verbreitung der Inhalte
- verantwortlich für die Vorbereitung und Durchführung

C1.7 Sachmitteleinsatz – Räumlichkeiten, Arbeitsräume, Arbeitsmittel

Normenforderung

Die ISO-Norm fordert die Planung, Bereitstellung und Instandhaltung geeigneter Einrichtungen und Arbeitsmittel – immer unter dem Aspekt, das die gesteckten Ziele erreicht werden und die Kundenzufriedenheit optimiert wird.

Hier nehmen Sie Bezug auf die Struktur und Ausstattung – eventuell Verweis auf Konzeption/Leistungsbeschreibung betreff Infrastruktur/ Räumlichkeiten etc.

- *Wie ermitteln Sie den Bedarf an notwendigen Arbeitsräumen/Arbeitsmitteln?*
- *Wie stellen Sie die Funktionsfähigkeit sicher?*
- *Wer ist zuständig?*
- *Werden auch unterstützende Dienstleistungen berücksichtigt?*

erstellt:	Freigabe:	Ausgabe 1	vom	Seite: 9 von 10

Einrichtung XYZ	QM-Handbuch	
	C:Personal-u. Ressourcenmanagement	C1: Führungsgrundsätze ff.

C1.8 Arbeitsumgebung – Arbeitssicherheit

Normenforderung

In Ergänzung zu den oben genannten Normenforderungen geht es hier um die technisch/materiellen (physische Arbeitsbedingungen) als auch menschlichen Bedingungen (psychische Arbeitsbedingungen); die dazu beitragen, die Arbeitsumgebung unter den Maßgaben der Arbeitssicherheit und des Gesundheit- und Umweltschutzes zu gestalten.

Ziel ist es, die Motivation und Leistungsfähigkeit der Mitarbeiter/innen zu erhalten und mögliche Ausfallzeiten einzugrenzen.

Hier beschreiben Sie – soweit diese Aspekte für die Erbringung der Dienstleistung relevant sind:

Inhalt des QM-Handbuchs

- *In welchem Maß und wie entsprechende Faktoren festgehalten und systematisch untersucht und hinterfragt werden?*

erstellt:	Freigabe:	Ausgabe 1	vom	Seite: 10 von 10

C2 Qualitätslenkung im betriebswirtschaftlichen Bereich

Normenforderung

Identifizieren von Schlüsselprozessen – Beschreiben der Prozesse und ihre Wechselwirkungen mit anderen Prozessen – Zuordnen von Ressourcen (Personal und Mittel).

C2.1 Grundsätze

Hier halten Sie grundsätzliche Gedanken und Überlegungen zur Qualitätslenkung im betriebswirtschaftlichen Bereich fest. De facto erfolgt ein Abgleich mit der Qualitätspolitik und dem Leitbild – Sie formulieren Qualitätsziele für die hier betrachteten Prozesse und legen in den folgenden Prozessbeschreibungen dar:

Inhalt des QM-Handbuchs

- *Was wollen wir erreichen?*
- *Welche Prozessschritte sind dazu notwendig?*
- *Wer ist für welchen Prozessschritt verantwortlich, wer ist wie beteiligt?*
- *Welche Handlungs- und Verhaltensvorgaben formulieren wir?*
- *Welche zusätzlichen Vorgaben müssen berücksichtigt werden (rechtlicher Art; weitere Verfahrensanweisungen bzw. Prozessbeschreibungen)?*
- *Welche Art der Dokumentation soll an welchem Prozessschritt erfolgen?*

Einrichtung XYZ	QM-Handbuch	
	C: Personal- u. Ressourcenmanagement	C2: Qualitätslenkung im BWL-Bereich

C2.2 Prozessbeschreibungen

C2.2.1 Wirtschaftsplanung

Inhalt des QM-Handbuchs

Hier fügen Sie die Prozessbeschreibung ein – erarbeitet an Hand der oben genannten Fragestellungen.

C2.2.2 Leistungsabrechnung

Inhalt des QM-Handbuchs

Hier fügen Sie die Prozessbeschreibung ein – erarbeitet an Hand der oben genannten Fragestellungen.

erstellt:	Freigabe:	Ausgabe 1	vom	Seite: 2 von 2

D Erbringung der Dienstleistung

D1 Grundsätze

Normenforderung

Identifizieren von Schlüsselprozessen – Beschreiben der Prozesse und ihre Wechselwirkungen mit anderen Prozessen – Zuordnen von Ressourcen (Personal und Mittel).

Die Norm fordert, dass die Prozesse zur Erbringung der Dienstleistung (Produktrealisierung) geplant und entwickelt werden; zudem müssen ihre Wechselbeziehungen berücksichtigt und dargelegt werden (Schnittstellen).

Ein weiterer wichtiger Aspekt im Rahmen der Erbringung der Dienstleistung ist die Ermittlung der Kundenanforderungen.

Berücksichtigt werden müssen:

- die ausdrücklich vom Kunden geäußerten Forderungen
- die nicht geäußerten Anforderungen, die dennoch zwingend erforderlich sind
- verpflichtende Anforderungen – z.B. gesetzliche Vorgaben und Rahmenbedingungen
- alle vom Unternehmen selbst festgelegten Anforderungen – z.B. Verpflichtungen aus dem Leitbild und die daraus abgeleiteten Qualitätsziele

In diesem Musterhandbuch verweisen wir an dieser Stelle auf **Kapitel B3.6 – Ermittlung und Umgang mit den Anforderungen von Interessenspartnern** – hier wurden schon grundlegende Äußerungen gemacht.

Einrichtung XYZ	QM-Handbuch	
	D: Erbringung der Dienstleistung	**D1:** Grundsätze

Hier beschreiben Sie:

Inhalt des QM-Handbuchs

- *Welche Rahmenbedingungen für die Erbringung der Dienstleistung vorgegeben sind.*
- *Welche Schlüsselprozesse für Ihre Einrichtung relevant sind – unter Beachtung der gesetzlichen Vorgaben und der einrichtungsspezifisch definierten Schlüsselprozesse.*

Beispiel

In folgenden Teil des QM-Handbuchs werden die Absprachen und Regelungen zu den sogenannten Schlüsselprozessen dargelegt.

Die Auswahl dieser Schlüsselprozesse ist zum einen durch die Rahmenvorgaben des Landes ›x‹ vorgegeben, zum anderen werden einrichtungsspezifische Prozesse benannt, die für die Schwerpunkte in Bezug auf die inhaltliche Arbeit – und damit auch auf das Leistungsangebot – charakteristisch sind.

Schlüsselprozesse darlegen bedeutet, Standards – sprich: gemeinsame Erarbeitung von verbindlichen Handlungs- und Verhaltensvorgaben – zu entwickeln.

Diese Standardentwicklung orientiert sich an einer Reihe von sogenannten ›Qualitätskriterien‹.

Qualitätskriterien geben vor, was in der inhaltlichen Arbeit zum Ausdruck kommen muss.

Die Qualitätsentwicklung z.B. in Einrichtungen der Jugendhilfe soll sich an allgemeinen fachlichen Maßstäben einer lebensweltorientierten Jugendhilfe ausrichten (vgl. Rahmenvorgaben des Landes Berlin zum § 78 KJHG).

erstellt:	Freigabe:	Ausgabe 1	vom	Seite: 2 von 7

Darunter werden verstanden:

- Prävention
- Dezentralisierung/Regionalisierung
- Alltagsorientierung in den Settings und Methoden
- Integration und
- Partizipation

Weitere Qualitätskriterien sind aus dem Gesetzestext des KJHG direkt und indirekt herauszulesen:

- Fachlichkeit
- Transparenz
- Vernetzung der Hilfen

Darüber hinaus gelten die im Leitbild der ***Einrichtung xyz*** festgehaltenen Qualitätsziele.

Aus den vom Kostenträger genannten Qualitätskriterien sind in den Rahmenvorgaben zur Leistungs- und Qualitätsentwicklungsbeschreibung schon Merkmale für Struktur-, Prozess- und Ergebnisqualität – und damit konkrete Maßnahmen zur Qualitätsentwicklung und -sicherung – abgeleitet, die in der Standardentwicklung in der Einrichtung xyz berücksichtigt werden müssen.

Strukturqualität bemisst sich danach an:

- kontinuierlicher Beschäftigung von Fachkräften,
- der adressatengemäßen Ausstattung der Räume,
- transparenten Organisations- und Entscheidungsstrukturen,

Einrichtung XYZ	QM-Handbuch	
	D: Erbringung der Dienstleistung	D1: Grundsätze

- der Gewährleistung von Individualität und Intimität der Vernetzung der Angebote im Rahmen regionaler Jugendhilfeplanung.

Prozessqualität wird insbesondere bewertet an:

- dem Abschluss von Zielvereinbarungen mit verbindlichen Inhalten,
- der fallangemessenen Organisation der jeweiligen Settings,
- alters- und entwicklungsgemäße Verfahren,
- der Gewährleistung und Förderung der Rechte der Adressaten, aber auch an
- fachübergreifender Zusammenarbeit,
- abgestimmten Verfahren in Krisensituationen und an
- kontinuierlicher Reflexion der Hilfe sowie
- kontinuierliche Dokumentation.

Ergebnisqualität lässt sich durch einen Soll-Ist-Abgleich bestimmen.

›Was war unser Ziel und was haben wir erreicht?‹ – Das sind die leitenden Fragestellungen. Hierbei dienen Indikatoren, die im Rahmen der Standardentwicklung benannt werden, dazu, die Einschätzung und Bewertung der Zielerreichung zu ermöglichen.

Die Schlüsselprozesse, die dargelegt werden sind (vgl. QM-Handbuch-Gliederung – D Erbringung der Dienstleistung):

- Aufnahme/Beginn der Hilfe
- Entlassung/Beendigung der Hilfe

erstellt:	Freigabe:	Ausgabe 1	vom	Seite: 4 von 7

Einrichtung XYZ	QM-Handbuch	
	D: Erbringung der Dienstleistung	**D1:** Grundsätze

- Hilfeplanung
- Betreuungsprozess – Pädagogischer Alltag
- Umgang in Krisensituationen
- Kooperation mit Eltern/Angehörigen
- Kooperation mit anderen Dienstleistern
- Umgang mit Kundeneigentum
- Einrichtungsspezifische Schlüsselprozesse
  - n.n.
  - n.n.
- Hauswirtschaft und Hausservice
- Verwaltung
- Mitwirkung
- Marketing – Entwicklung neuer Dienstleistungsangebote

D1.1 Fachliches Leitbild – Pädagogisches Konzept

Hier beschreiben Sie ihr fachliches Leitbild – es hält fachliche Zielsetzungen fest:

Inhalt des QM-Handbuchs

- *Wie orientieren wir uns? Welcher fachliche Ansatz leitet uns in der inhaltlichen Arbeit?*
- *Was bedeutet dieser fachliche Ansatz für den Umgang mit dem Klientel?*
- *Welche Anforderungen lassen sich daraus herleiten?*

erstellt:	Freigabe:	Ausgabe 1	vom	Seite: 5 von 7

Einrichtung XYZ	QM-Handbuch	
	D: Erbringung der Dienstleistung	**D1:** Grundsätze

D1.2 Dokumentation als Instrument der Qualitätssicherung

Dokumentation war unter Kapitel B3.5. Umgang mit Dokumenten und Daten schon einmal thematisiert worden. Hier geht es darum, die Bedeutung der Dokumentation im Rahmen der Schlüsselprozesse zu unterstreichen.

Beschreiben Sie:

Inhalt des QM-Handbuchs

- *Wozu dient die Dokumentation?*
- *Welche Arten von Dokumentation führen Sie?*
- *Wer führt die Dokumentationen?*
- *Welche Anweisungen oder Anleitungen gibt es bezüglich der Dokumentation?*

Beispiel

Die Dokumentation stützt die inhaltliche Arbeit. Zur Absicherung der notwendigen Informationen – und auch zur Rückverfolgbarkeit der Entwicklungen und Entscheidungen – werden von den Mitarbeiter/innen kontinuierlich Aufzeichnungen im Betreuungsverlauf geführt:

1. Besprechungen werden protokolliert, die Mitarbeiter/innen sind verpflichtet, sich die darin enthaltenen Informationen zugänglich zu machen.

2. Wichtige Informationen aus dem Alltagsgeschehen werden in Dienstbüchern festgehalten.

3. Personenbezogene Daten werden in Bewohnerakten geführt.

4. Auf der Basis der Hilfepläne werden Betreuungsverlaufspläne erstellt.

erstellt:	Freigabe:	Ausgabe 1	vom	Seite: 6 von 7

Einrichtung XYZ	QM-Handbuch	
	D: Erbringung der Dienstleistung	**D1:** Grundsätze

5. Die Betreuungsverlaufspläne sind Grundlage für die Verlaufsdokumentation. Betreuungsverlaufsberichte werden 1/2jährlich von den Bezugsbetreuern/innen angefertigt. etc.

Anmerkung

Zu überlegen wäre noch, ob Sie zu den Dokumentationsformen Verfahrensanweisungen erarbeiten, die die Art und Weise der Dokumentation erläutern und festlegen.

Haben Sie Anleitungen bzw. Anweisungen z.B. zur Protokollführung, zur Aktenführung oder ähnlichem erstellt, dann ergänzen sie ihre Aussagen zu den einzelnen Dokumentationsformen, indem Sie diese entsprechenden Anleitungen, Checklisten bzw. Musterdokumente hier beilegen.

erstellt:	Freigabe:	Ausgabe 1	vom	Seite: 7 von 7

Einrichtung XYZ	QM-Handbuch	
	D: Erbringung der Dienstleistung	**D2:** Schlüsselprozesse

D2 Schlüsselprozesse

Hier halten Sie die Absprachen und Regelungen zu den einzelnen Schlüsselprozessen fest.

Betrachten Sie bitte noch einmal den Gliederungsentwurf für ein QM-Handbuch und den Gliederungsaufbau in Bezug auf die im QM-Handbuch dargelegten Schlüsselprozesse.

Beispiel: Schlüsselprozess ›Aufnahme‹:
D2.1 Aufnahme
D2.1.1 Grundsätze
D2.1.2 Prozessbeschreibung
und analog alle weiteren betrachteten Schlüsselprozesse – im Gliederungsentwurf für das QM-Handbuch bis D 2.13 Marketing

In dem **Unterpunkt ›Grundsätze‹** erfolgt ein Abgleich zwischen dem jeweils betrachteten Schlüsselprozess und dem Leitbild sowie den daraus abgeleiteten Qualitätszielen; zudem benennen sie ggf. weitere relevante Aspekte für die Durchführung des jeweilig betrachteten Schlüsselprozesses.
Im **Unterpunkt ›Prozessbeschreibungen‹** folgen die erarbeiteten Standards zu dem jeweils betrachteten Schlüsselprozess, die an Hand folgender Fragestellungen entwickelt wurden:

- *Was wollen wir erreichen?*
- *Welche Prozessschritte sind dazu notwendig?*
- *Wer ist für welchen Prozessschritt verantwortlich, wer ist wie beteiligt?*

erstellt:	Freigabe:	Ausgabe 1	vom	Seite: 1 von 2

Einrichtung XYZ	QM-Handbuch	
	D: Erbringung der Dienstleistung	**D2:** Schlüsselprozesse

- *Welche Handlungs- und Verhaltensvorgaben formulieren wir?*
- *Welche zusätzlichen Vorgaben müssen berücksichtigt werden (rechtlicher Art; weitere Verfahrensanweisungen bzw. Prozessbeschreibungen)?*
- *Welche Art der Dokumentation soll an welchem Prozessschritt erfolgen?*

Inhalt des QM-Handbuchs

D2.1 (hier im Musterhandbuch ›Aufnahme‹) **bis D2.13** (hier im Musterhandbuch ›Marketing‹)

Grundlage für die Darlegungen in Ihrem QM-Handbuch ist die von Ihnen getroffene **Auswahl der relevanten Schlüsselprozesse.** Die Schlüsselprozesse werden dann jeweils entsprechend der oben genannten Untergliederung in ›Grundsätze‹ und ›Prozessbeschreibung‹ bearbeitet und als Standard im QM-Handbuch abgelegt.

Anmerkung

Unter Kapitel **A3 Aufbau und Benutzung des Handbuchs** wurde die Systematik für die Darlegung der Prozessbeschreibungen schon vorgestellt.

(Ein Beispiel für eine Prozessbeschreibung mittels Flußdiagramm finden Sie im ersten Teil des Buches unter 7.2 ›Verfahrensanweisungen und Prozessbeschreibungen‹)

erstellt:	Freigabe:	Ausgabe 1	vom	Seite: 2 von 2

Einrichtung XYZ	QM-Handbuch	
	E: Messung, Analyse, Verbesserung	

E Messung, Analyse, Verbesserung

Wie schon an anderen Stellen in unseren Abhandlungen verdeutlicht, trifft man im Kapitel 8 der ISO-Norm ›Messung, Analyse, Verbesserung‹ wohl auf den Teil in der ISO-Norm, der für den Bereich der sozialen Arbeit in besonderer Weise zu interpretieren ist. In der Originalfassung enthaltene Aspekte wie z.B. ›Prüfplanung‹, ›Messen von Prozessen und Produkten‹ oder auch ›,Lenkung fehlerhafter Produkte‹ erscheinen auf den ersten Blick wenig relevant für die Belange im Bereich sozialer Arbeit.

Dennoch: Betrachtet man die Normenforderungen eingehend, lassen sich entsprechende Arbeitsphasen und Arbeitsschritte auch im Rahmen sozialer Arbeit benennen.

Darauf nehmen wir im Folgenden – entsprechend der Gliederung des Musterhandbuchs – Bezug.

Thematisch beziehen wir uns auf die Überprüfung der inhaltlichen Arbeit.

Auf die auch geforderte Überprüfung und Reflexion der Wirksamkeit des QM-Systems wurde an anderer Stelle des Musterhandbuchs schon eingegangen (vgl. Kapitel B3.3 Bewertung und ständige Verbesserung des QM-Systems).

erstellt:	Freigabe:	Ausgabe 1	vom	Seite: 1 von 1

Einrichtung XYZ	QM-Handbuch	
	E: Messung, Analyse, Verbesserung	E1: Ableiten. von Kenngrößen/ Indikatoren zur Zielüberprüfung

E1 Ableiten von Kenngrößen/ Indikatoren zur Zielüberprüfung

Normenforderung

Ein wesentlicher Bestandteil des Qualitätsmanagements ist die konsequente Zielformulierung und im Sinne der kontinuierlichen Verbesserung die Zielüberprüfung.

Eine wichtige Forderung der ISO-Norm liegt darin, dass die Zielsetzungen den Möglichkeiten und Ressourcen entsprechend angemessen sind und dass sie überprüfbar sind.

Überprüfbar werden Zielsetzungen durch sogenannte Kenngrößen/Indikatoren, die so definiert werden müssen, dass sie entweder messbar oder beschreibbar sind.

Inhalt des QM-Handbuchs

Sie leiten folglich diese Kenngrößen aus ihren Zielsetzungen – ausgehend von der Qualitätspolitik respektive dem Leitbild – ab!
Zudem legen Sie fest, wie und ggf. wann Zielüberprüfungen an Hand dieser Kenngrößen stattfinden.

Anmerkung

Bei der Erarbeitung der Prozessbeschreibungen für die ausgewählten Schlüsselprozesse haben Sie diese Überlegungen schon angestellt.

Sie haben sich im Vorfeld die Frage gestellt ›Was ist unsere Zielsetzung‹, Sie haben die Qualitätskriterien reflektiert und auf dieser Grundlage die Handlungs- und Verhaltensabsprachen in den Prozessbeschreibungen festgehalten.
An dieser Stelle fassen Sie diese Schritte unter

erstellt:	Freigabe:	Ausgabe 1	vom	Seite: 1 von 2

Einrichtung XYZ	QM-Handbuch	
	E: Messung, Analyse, Verbesserung	E1: Ableiten. von Kenngrößen/ Indikatoren zur Zielüberprüfung

dem Blickwinkel ›Kenngrößen/Indikatoren‹ noch einmal zusammen.

Beispiel

Eine Möglichkeit die Kenngrößen herauszustellen und die Formen der Zielüberprüfung zu benennen ist, ein **Tabellenraster** (vgl. Kapitel 4.3 Vom Leitbild zu Kenngrößen) zu erstellen, das auch die Ableitung der Kenngrößen aus der Qualitätspolitik / respektive aus dem Leitbild verdeutlicht. (Für jeden betrachteten Schlüsselprozess wird dieses Tabellenraster ausgefüllt und an dieser Stelle im Handbuch abgelegt.)

erstellt:	Freigabe:	Ausgabe 1	vom	Seite: 2 von 2

E2 Ergebnisprüfung und Bewertung

Normenforderung

Die Norm fordert für diesen Teil im Qualitätsmanagement Prozesse zu erarbeiten und umzusetzen, die geeignet sind, die Leistung zu prüfen, zu kontrollieren, zu analysieren und letztendlich zu optimieren. Es muss zum einen nachgewiesen werden können, dass die Qualitätsansprüche – formuliert über Kundenerwartungen und Unternehmenszielen – erfüllt sind. Derartige Überprüfungen müssen in einem Sinnzusammenhang mit der ›Produktrealisierung‹ – also der Erbringung der Dienstleistung stehen. Regelungen für diese Überprüfungen werden im Unternehmen selbst erarbeitet bzw. beziehen sich auf zu beachtende Vorgaben. Explizit fordert die Norm einen dokumentierte Aussage für die Prozessschritte, mit denen Sie sicherstellen, dass Produkte bzw. Leistungen, die nicht den gesetzten Anforderungen entsprechen, nicht unbeabsichtigt genutzt bzw. weiterverwendet werden.

Darüber hinaus müssen Maßnahmen vereinbart werden, die geeignet sind, Fehlerursachen zu erkennen und Fehlerwiederholungen zu vermeiden.

Inhalt des QM-Handbuchs

Geben Sie an dieser Stelle des QM-Handbuchs eine ›Fehlerdefinition‹ ab!

- ***Was verstehen Sie in Ihrem Arbeitskontext als Fehler?***
- ***Welche Art ›Fehlerkultur‹ wird gelebt?***

Benennen Sie welche sogenannten Prüfpunkte im Prozess installiert sind (vgl. Kapitel 7.5 Fehlervermeidung und Prozessoptimierung).

Einrichtung XYZ	QM-Handbuch	
	E: Messung, Analyse, Verbesserung	**E2:** Ergebnisprüfung und -bewertung

E3.1 Teambesprechungen

Teambesprechungen sind in der sozialen Arbeit klassische ›Prüfpunkte‹. Hier wird die geleistete Arbeit mit Blick auf die Zielsetzungen reflektiert.

Legen Sie hier dar:

Inhalt des QM-Handbuchs

- *Wozu dienen Ihnen die Teambesprechungen?*
- *Was wird in den Teambesprechungen thematisiert?*
- *Wie oft finden Teambesprechungen statt?*
- *Wer nimmt daran teil?*
- *Welche Struktur hat die Teambesprechung? Wer ist für die Durchführung verantwortlich?*
- *Wie werden die Besprechungsrunden dokumentiert? Wer macht das?*
- *Wie ist der Umgang mit den Ergebnissen aus der Teambesprechung geregelt?*

E2.2 Fallbesprechungen

Inhalt des QM-Handbuchs

Fallbesprechungen lenken den Blick gezielt auf die einzelnen Bewohner und Betreuten. Sie sind neben den Teambesprechungen wichtige Momente für den fachlichen Austausch und die kollegiale Beratung.

Erläutern Sie:

- *In welchem Kontext stehen Fallbesprechungen?*
- *Wie sind diese Fallbesprechungen strukturiert? (Anmerkung: Es gibt besondere Verfahrensweisen zur Durchführung von Fallbesprechungen, um*

erstellt:	Freigabe:	Ausgabe 1	vom	Seite: 2 von 4

fachlich qualifizierte Erkenntnisse zu gewinnen.)

- *In welchem Turnus finden sie statt? Welcher Zeitrahmen ist gesteckt?*
- *Wie werden Erkenntnisse festgehalten?*

E2.3 Supervision

Supervision ist ein vom Kostenträger benanntes Qualitätsmerkmal. Ende des 19. Jahrhunderts ist Supervision zur Qualitätsverbesserung in der sozialen Arbeit entwickelt worden. Bis heute gilt Supervision – als Beratungsmethode mit dem Ziel, berufliche Praxis und inhaltliche Arbeit zu reflektieren und zu verbessern – als wichtiges Instrument zur Entwicklung und Erhaltung professioneller Qualität in der Sozialarbeit.

Beschreiben Sie:

Inhalt des QM-Handbuchs

- *Wie häufig findet Supervision statt?*
- *Welche Form der Supervision wird den Mitarbeiter/innen angeboten?*

E2.4 Evaluation der Arbeit

Normenforderung

Die ISO-Norm fordert, dass Daten erhoben und ausgewertet werden, die Aussagen zur Wirksamkeit des QM-Systems und der darüber geregelten Prozesse zulassen. Ziel ist die kontinuierliche Verbesserung.

Einrichtung XYZ	**QM-Handbuch**	
	E: Messung, Analyse, Verbesserung	**E2:** Ergebnisprüfung und -bewertung

	Benennen Sie:
Inhalt des QM-Handbuchs	▪ *Welche Formen der Evaluation setzen Sie ein? (Fremdevaluation/ Selbstevaluation)* ▪ *Welche Zeiträume sind benannt?* ▪ *Wie werden Erkenntnisse ausgewertet?* ▪ *Wer ist beteiligt an Evaluationsprozessen? Wer führt sie durch? Wer wertet aus?* ▪ *Wie bringen Sie Ergebnisse zurück in den ›QM-Regelkreis‹?*
Anmerkung	Hier gibt es Querverbindungen zu anderen Segmenten im Rahmen der Qualitätsentwicklung. Evaluation findet auch über die Auswertung von Erkenntnissen aus Team- und Fallbesprechungen, aus Fachkonferenzen wie z.B. Hilfegespräch und Förderplanung etc. sowie aus Gesprächen mit Klientel, Angehörigen, Kooperationspartnern und Kostenträgern statt. Auch die im Folgenden noch thematisierten Kundenbefragungen sind als ein Instrument der Evaluation der fachlichen Arbeit zu sehen.

erstellt:	Freigabe:	Ausgabe 1	vom	Seite: 4 von 4

E3 Maßnahmen der Qualitätssicherung

Normenforderung

Die ISO-Norm fordert regelmäßig und systematisch Daten über die Kundenzufriedenheit zu erheben und auszuwerten (vgl. B3.6 Ermittlung und Umgang mit Anforderungen von Interessenspartnern (Kundenerwartungen)). Darüber hinaus müssen Sie sicherstellen, dass die Ergebnisse der Auswertung in die Prozessgestaltung integriert werden. Kundenzufriedenheit oder eben auch -unzufriedenheit muss ein Gradmesser für die Qualität der Leistung und damit der Wirksamkeit des QM-Systems sein.

E3.1 Reflexion von Kundenzufriedenheit

Äußerungen über Kundenzufriedenheit erhalten Sie nicht nur über gezielte Kundenbefragungen. Im Rahmen sozialer Arbeit begegnen Sie Ihnen an vielen ›Punkten‹ im Handlungsalltag (alle Arten von Gesprächen etc.).

Hier beschreiben Sie:

Inhalt des QM-Handbuchs

- *Welche ›Kontaktpunkte‹ liefern Ihnen Erkenntnisse über die Zufriedenheit respektive Unzufriedenheit Ihrer Interessenspartner?*
- *Wo und wie werden derartige Informationen gebündelt?*
- *In welchem Rahmen werden sie bewertet und wo fließen diese Ergebnisse wieder in den Handlungsalltag ein?*

Einrichtung XYZ	QM-Handbuch	
	E: Messung, Analyse, Verbesserung	**E3:** Maßnahmen der Qualitätssicherung

E3.1.1 Kundenbefragungen

Legen Sie dar:

Inhalt des QM-Handbuchs

- *Wie setzen Sie das Instrument ›Kundenbefragung‹ ein?*
- *Wer entwickelt Fragebögen oder Interviewfragen?*
- *Wer führt Befragungen durch?*
- *Welches Zeitraster haben Sie festgelegt?*
- *Nach welchen Kriterien wählen Sie die zu befragenden Kundengruppen aus?*
- *In welchem Rahmen werden die Ergebnisse ausgewertet?*
- *Wie werden Ergebnisse genutzt bzw. eingesetzt?*
- *Wie regeln Sie eine Rückmeldung an die Befragten?*

Beispiel

1. Kundenbefragungen werden in einem jährlichen Turnus durchgeführt.
2. Im Rahmen der Q-Zirkelarbeit wird festgelegt, an welche Kundengruppe die jeweilige Befragung gerichtet ist. Grundlage für die Entscheidung sind:
  a) Erkenntnisse über mögliche Schwachstellen und Unzufriedenheitsäußerungen
  b) Überlegungen zur konzeptionellen Weiterentwicklung
3. Zur Erarbeitung der Fragebögen bzw. Interviewkonzepte werden Qualitäts-Arbeitsgruppen eingerichtet.
4. Der/die QB ist für die Durchführung und Auswertung verantwortlich.

erstellt:	Freigabe:	Ausgabe 1	vom	Seite: 2 von 4

5. Sowohl bei schriftlichen Befragungen als auch bei Interviews werden die Befragten über das Ziel und den Zweck der Befragung informiert. Ebenso erhalten sie eine Rückmeldung über die Ergebnisse.

etc.

E3.2 Beschwerdemanagement

Beschwerden sind als Ausdruck der Unzufriedenheit ernst zu nehmen und zu dokumentieren. Es ist ratsam in diesem Zusammenhang die Haltung und das Bewusstsein der Mitarbeiter/innen gegenüber Beschwerden zu thematisieren. Jede Beschwerde bietet die Chance zur Reflexion und Verbesserung.

Inhalt des QM-Handbuchs

Beschreiben Sie:

- *Welche Absprachen und Regelungen sind für den Umgang mit Beschwerden getroffen? (Visualisierung über ein Flussdiagramm)*
  - *Wer ist für welche Beschwerden zuständig?*
  - *Welche Haltung gegenüber Beschwerden sollen die Mitarbeiter/innen einnehmen?*
  - *Wie ermitteln Sie den Sachverhalt? Mit wem halten Sie Rücksprache?*
  - *Welche Rückmeldungen im Verlauf des Beschwerdeverfahrens erhält der/die Beschwerdeführer/in?*
  - *Wer wird bei der Entwicklung einer Lösung beteiligt?*
  - *Wie reagieren Sie auf immer wiederkeh-*

Einrichtung XYZ	QM-Handbuch	
	E: Messung, Analyse, Verbesserung	**E3:** Maßnahmen der Qualitätssicherung

rende Beschwerden? Wie auf unberechtigte Beschwerden?

- *Wie werden Beschwerden dokumentiert?*
- *Wie fließen die Erkenntnisse aus einem derartigen Beschwerdemanagement in die QM-Bewertung ein?*

erstellt:	Freigabe:	Ausgabe 1	vom	Seite: 4 von 4

10 Anhang

10.1 Zehn TIPPS

1. In ein QM und den Aufbau eines QM-Systems müssen Sie die Mitarbeiter/innen einbeziehen. Schaffen Sie von Beginn an Transparenz durch umfassende Information. Sind Sie Leitungskraft signalisieren Sie Ihre Unterstützung im Prozess der Qualitätsentwicklung.

2. Motivation ist ein wichtiger Motor im QM. Sichern Sie, dass Handlungsvereinbarungen und strukturelle Veränderungsvorschläge auch umgesetzt werden. Voraussetzung dafür ist, dass Sie die »Machbarkeit« im Auge behalten, das bedeutet: Alle Verabredungen müssen mit Blick auf die vorhandenen Ressourcen getroffen werden.

3. Nehmen Sie sich die Zeit, die Sie brauchen. Der Aufbau eines QM's ist ein Vorhaben, dass Sie neben Ihrer eigentlichen Aufgabenstellung erledigen müssen. Qualitätszirkel können nur in dem zeitlichen Umfang tagen, den Sie verantworten können.

4. Ermutigen Sie die Mitarbeiter/innen sich an der Qualitätszirkelarbeit aktiv zu beteiligen. Vielfältige Erfahrungen und Sichtweisen bereichern die Qualitätszirkel und sind die Basis für tragfähige Verabredungen. Erscheint der Zeitaufwand für den Einzelnen zu hoch, so läßt er sich über temporäre Arbeitsgruppen zu bestimmten Themenstellungen eingrenzen.

5. Machen Sie deutlich, dass der **gemeinsam** entwickelte betriebliche Maßstab verbindlich wird. Nur wer sich beteiligt, kann auch in seinen Meinungsäußerungen berücksichtigt werden. Für die anderen gilt: »Wer den Kopf in den Sand steckt, knirscht später mit den Zähnen!«

6. Lassen Sie soviel Vereinbarungen wie möglich von den Mitarbeiter/innen selbst entwickeln. Dies öffnet die Augen für fachliche Notwendigkeiten und stärkt die Identifizierung mit der Arbeit. Zudem werden Verabredungen eher eingehalten und Vorgaben eher umgesetzt.

7. Lassen Sie sich von einem Stillstand oder vermeintlichen Rückschritten nicht entmutigen. Der Aufbau eines QM's verlangt allen Beteiligten viel ab. Offenheit und Transparenz sind vielleicht gewünscht, müssen aber häufig erst »erlernt« werden.

8. Arbeitsergebnisse sollten so schnell wie möglich in den Alltag integriert werden. Damit steigen Sie nicht nur in die »Erprobungsphase« ein – die Mitarbeiter/innen erleben, dass ihre gemeinsame Arbeit auch entsprechend gewertet wird – ein Faktor zur Motivation.

9. Manchmal sind gerade Kleinigkeiten oder Banalitäten die Mosaiksteine für Qualität. Seien Sie offen für derartige Hinweise.

10. Wagen Sie den Schritt ins Qualitätsmanagement, denn »QM sucht nicht nach Schuldigen, sondern nach Lösungen!«

10.2 Qualitätsbegriffe und ihre Verknüpfung

Qualitätsbegriffe und ihre Verknüpfung
Qualitätsmanagement, Qualitätsentwicklung, Qualitätsdimensionen, Qualitätsziele bzw. Qualitätsstandards, Qualitätskriterien, Qualitätsindikatoren etc... – alles Begriffe, die mehr oder weniger erklärt in Diskussionen und Publikationen zum Thema ›QM‹ auftauchen. Leider verstärkt sich bei uns der Eindruck, dass es nur eine geringe Absprache darüber gibt, was denn nun unter den einzelnen Begriffen verstanden wird und in welcher Verknüpfung sie zueinander stehen. Wir möchten Ihnen daher an dieser Stelle eine kurze Übersicht geben, wie wir die Begriffe zuordnen:

Qualitätsmanagement – meint die Vielzahl von Aktivitäten, die notwendig sind, um ein QM-System in einer Organisation aufzubauen und aufrechtzuerhalten, d.h. Ziele formulieren, Verantwortlichkeiten festlegen, Abläufe planen, lenken und absichern.

Qualitätsentwicklung – wird in der Regel – besonders in sozialen Einrichtungen als ›Ersatz‹ für den Begriff Qualitätsmanagement verwandt. Wir verwenden ihn mit der Ergänzung ›der Prozess‹ der Qualitätsentwicklung, um zu verdeutlichen, dass wir hierunter nicht nur alle Aktivitäten wie oben beschrieben verstehen, sondern dass wir gleichzeitig immer den Blick auf die Organisationsstrukturen und die Unternehmenskultur miteinbeziehen.

Qualitätssicherung – stellt für einige Mitarbeiter/innen in sozialen Einrichtungen die Alternative zum Begriff Qualitätsentwicklung dar. Mit Qualitätsentwicklung verbinden sie eine Abwertung ihrer bisher geleisteten Arbeit; Qualitätssicherung dagegen geht für sie von einem bestimmten Maß an Qualität in der Arbeit aus. Eigentlich versteht man unter Qualitätssicherung alle geplanten und systematischen Tätigkeiten, die absichern, dass die gesetzten Anforderungen auch erfüllt werden.

Qualitätsdimensionen – die wurden von uns schon angesprochen; sie umfassen drei Bereiche, die hinsichtlich der Definition von Qualität gesondert betrachten werden. Im übrigen spricht auch der Gesetzgeber im BSHG bzw. KJHG von Struktur-, Prozess- und Ergebnisqualität.

Qualitätsziele – dies sind die konkreten Zielsetzungen, die die Randbedingungen für Qualität berücksichtigen. Qualitätsziele werden mit der Formulierung von Qualitätsstandards konkretisiert; hier wird nicht nur dargelegt, was – erreicht werden soll – sondern auch wie das geschehen soll, wer welche Aufgaben dabei übernimmt und wieviel Zeit und welche Mittel dafür gegebenenfalls zur Verfügung stehen.

Eine besonders große Verwirrung herrscht bei den Begriffen ›Qualitätskriterien‹ und ›Qualitätsindikatoren‹ oder auch ›Qualitätsmerkmale‹. Im herkömmlichen Sprachgebrauch treffen wir selten eine Unterscheidung zwischen ›Kriterium‹, ›Indikator‹ oder gar ›Merkmal‹. Im QM ist das anders – ›Qualitätskriterien‹ sind den ›Qualitätsindikatoren‹ sozusagen übergeordnet.

Qualitätskriterien – darunter verstehen wir Kriterien oder Parameter, die in der zu erbringenden Dienstleistung zum Ausdruck kommen müssen. Beispielsweise gibt das KJHG in seinem Gesetzestext diverse Vorgaben, die als Qualitätskriterien in der Ausgestaltung der Dienstleistung beachtet werden müssen. Die wichtigsten sind: Beteiligung, Fachlichkeit, Transparenz, Vernetzung. Sie müssen diese Qualitätskriterien im Abgleich mit der Zielsetzung für die inhaltliche Arbeit in ihren Einrichtungen formulieren. In diesem Verständnis setzen wir den Begriff Qualitätskriterien mit dem Begriff Qualitätsanforderungen gleich.

Qualitätsindikator bzw. **Qualitätsmerkmal** – haben Sie Qualitätskriterien formuliert, dann müssen Sie die Merkmale oder Indikatoren bestimmen, an denen Sie Ihre Qualitätskriterien messen und folglich die Qualität selbst bewerten können. Für das Qualitätskriterium »Beteiligung« kann ein Indikator sein, mit den Kindern und Jugendlichen regelmäßig Gespräche zu führen und sie darüber in mögliche Entscheidungen miteinzubeziehen. Legen Sie die konkrete Anzahl dieser Gespräche fest, dann können Sie überprüfen, ob sie auch eingehalten wird.

10.3 Referenztabelle DIN ISO 9001-94 : DIN ISO 9001:2000

DIN ISO 9001:1994	Übertragung auf den sozialen Bereich	DIN ISO 9001:2000
Allgemeines		*Allgemeines*
1. Anwendungsbereich		⇨ **1. Anwendungsbereich**
2. Verweisung auf andere Normen		⇨ **2. Verweisung auf andere Normen**
3. Begriffe		⇨ **3. Begriffe**
4. Forderungen an das QM-System		⇨ **4. Forderungen an das QM-System**
Elemente		
4.1 Verantwortung der Leitung	›Verantwortung und Aufgaben der Leitung‹	⇨ **Kap.5: Verantwortung der Leitung** ⇨ **Kap.6: Management der Mittel**
4.2 Qualitätsmanagementsystem Qualitätsplanung	›Qualitätsentwicklung und Maßnahmen zur Qualitätssicherung‹	⇨ **Kap. 5** ⇨ **Kap. 7 Prozessmanagement**
4.3 Vertragsprüfung	›Vertragswesen‹	⇨ **Kap. 7**
4.4 Designlenkung	›Angebotsplanung und Angebotsentwicklung‹ – auf institutioneller und individueller Ebene	⇨ **Kap. 7**
4.5 Lenkung von Dokumenten und Daten	›Umgang mit Dokumenten‹	⇨ **Kap. 4**
4.6 Beschaffung	›Beschaffung von ergänzenden Leistungen und Produkten‹	⇨ **Kap. 7**

4.7 Lenkung der vom Kunden beigestellten Produkte	›Von Kunden/Interessenspartnern eingebrachte Leistungen bzw. Vorgaben und Voraussetzungen‹	⇨ **Kap. 7**
4.8 Kennzeichnung undRückverfolgbarkeit	›Rückverfolgbarkeit‹	⇨ **Kap. 7**
4.9 Prozesslenkung	›Prozesslenkung‹ – struktur- und handlungsbezogene Aussagen im Rahmen der Standardbeschreibung‹	⇨ **Kap. 7**
4.10 Prüfungen	›Ergebnisprüfung und Bewertung‹	⇨ **Kap. 7 und Kap. 8 Messung, Analyse, Verbesserung**
4.11 Prüfmittel/ Prüfüberwachung	s.o.	**s.o.**
4.12 Prüfstatus	s.o.	**s.o.**
4.13 Lenkung fehlerhafter Produkte	›Umgang mit Fehlern und deren Korrektur‹	⇨ **Kap. 8**
4.14 Korrektur- und Vorbeugemaßnahmen	s.o.	⇨ **Kap. 8**
4.15 Handhabung, Lagerung, Verpackung, Versand	hier ist die Relevanz im Einzelfall zu prüfen	⇨ **Kap. 7**
4.16 Lenkung von Qualitätsaufzeichnungen	s. 4.5 ›Umgang mit Dokumenten‹	⇨ **Kap. 5**
4.17 Interne Audits	›Interne Audits‹	⇨ **Kap. 8**
4.18 Schulung	›Maßnahmen zur Mitarbeiter-qualifizierung‹	⇨ **Kap. 6**
4.19 Wartung	›Service‹	⇨ **Kap. 7**
4.20 Statistische Methoden	›Statistische Bewertung‹	⇨ **Kap. 8**

Ausblick

Zum Schluss unserer Ausführungen wieder zurück zum Anfang! Erinnern Sie sich an die Randbedingungen von Qualität? Eine davon ist der Markt und der Wettbewerb.

Ausgehend davon, dass sich in der Sozialen Arbeit der Paradigmenwechsel vom Hilfeempfänger zum Hilfeberechtigten vollzogen hat, wandelt sich der Sprachgebrauch allmählich von ›sozialen Einrichtungen‹ in ›soziale Unternehmen‹. Soziale Arbeit wird zunehmend als Dienstleistung verstanden, eine Sichtweise, die durch Prozesse der Qualitätsentwicklung und -sicherung noch verstärkt wird.

Durch die Vorgabe der Kostenträger, potentielle Kunden bzw. Interessenspartner sollen über Leistungsbeschreibungen in die Lage versetzt werden, unter den Hilfeangeboten eine Auswahl treffen zu können, treten die sozialen Unternehmen in einen Wettbewerb.

Damit wird Marktorientierung eine bedeutende Aufgabe. Die Existenz am Markt, die Sicherung der Arbeitsplätze durch eine Sicherung in der Leistungserbringung sind Zielsetzungen, die die Aktivitäten in den sozialen Unternehmen entscheidend mitbestimmen. Für soziale Unternehmen heißt das, Konzepte zu entwickeln, mit denen sie sich den Wettbewerbern gegenüber profilieren können, um am Markt die beschriebene Wirkung zu erzielen. Das ›Ohr am Kunden‹ ist für die Erschließung und Bearbeitung neuer Märkte unerläßlich. Wie sieht der Bedarf aus? Wo erschließen sich Kundengruppen? Welche Dienstleistung wird nicht oder nur ungenügend abgedeckt? Was erwartet der potentielle Kunde? Auf diesem Gebiet können soziale Unternehmen noch aktiver werden.

Ein Qualitätsmanagement, orientiert an der ISO-Norm, beleuchtet alle für die Entwicklung von Qualität entscheidenden Bereiche eines Unternehmens von der Planung, Entwicklung, bis zur Leistungsüberprüfung.

Vieles davon ist nichts vollkommen Neues! Neu ist nur, dass Sie mit der damit verbundenen konsequenten Systematisierung von Denken und Handeln die Chance vergrößern, mit Ihrem Angebot am Markt zu bestehen und auch in der Zukunft innovativ und kreativ zu agieren.

Literatur

Bleicher, Knut: Normatives Management, Politik, Verfassung und Philosophie des Unternehmens, Campus, Frankfurt a.M. 1994

Brater, Michael, Maurus, Anna: Der Weg zum Leitbild – Frageleitfaden, GAB – Gesellschaft für Ausbildungsforschung und Berufsentwicklung, München, 1996

Bobzien, Monika u.a.: Qualitätsmanagement, Studium und Beruf, Sandmann, Alling, 1996

Drabner, Claudia, Pawelleck, Thomas: Qualitätsmanagement in sozialen Einrichtungen am Beispiel der Jugendhilfe, Lambertus, Freiburg im Breisgau, 1997

Esser, Klaus Hrsg.: Jugendhilfe morgen – Qualitätsmanagement in der Heimerziehung Lambertus, Freiburg im Breisgau, 1998

Graf-Götz, Friedrich, Glatz, Hans: Organisation gestalten – Neue Wege und Konzepte für Organisationsentwicklung und Selbstmanagement, Beltz, Weinheim und Basel, 1998

Meinhold, Marianne: Qualitätssicherung und Qualitätsmanagement in der sozialen Arbeit, Lambertus, Freiburg im Breisgau, 1996

Müller-Schöll, Albrecht, Priebke, Manfred: Sozialmanagement – Zur Förderung systematischen Entscheidens, Planens, Organisierens, Führens und Kontrollierens in Gruppen, Luchterhand, Neuwied, Kriftel, Berlin 1991

Seghezzi, H.D.: Integriertes Qualitätsmanagement – Das St.Galler Konzept, Hanser, München, Wien, 1996